KB121983

식량 주권 빼앗겨도 좋은가?

식량 주권 빼앗겨도 좋은가?

제1판 제1쇄 발행일 2014년 12월 7일

글 | 김덕종, 손석춘
기획 | 손석춘, 지승호, 책도둑(박정훈, 박정식, 김민호)
디자인 | 이안디자인
펴낸이 | 김은지
펴낸곳 | 철수와영희
등록번호 | 제319-2005-42호
주소 | 서울시 마포구 월드컵로 65, 302호 (망원동, 양경회관)
전화 | (02)332-0815
팩스 | (02)6091-0815
전자우편 | chulsu815@hanmail.net

ISBN 978-89-93463-71-2 03300

철수와영희 출판사는 '어린이' 철수와 영희, '어른' 철수와 영희에게 도움 되는
책을 펴내기 위해 노력하고 있습니다.

농촌 위기와 시인 김남주 이야기

식량 주권 빼앗겨도 좋은가?

김덕종과 손석춘의 대자보

우리 시대 농업은 무엇인가

  종종 농촌으로 강연을 다녀올 때면, 구릿빛 튼튼한 영혼들로부터 오히려 가르침을 얻어왔습니다. 물론 그분들과 함께한 공간은 농업과 농민의 삶을 꼭뒤 누르는 억압의 무게를 실감하며 스스로 결기를 다지는 시간이기도 했습니다.

  2014년 7월. 박근혜 정부는 쌀 전면 개방을 일방적으로 발표했습니다. 그들에게 농민은 국민이 아닌 걸까요. 최소한의 의견 수렴조차 없는 일방적이고 무례한 발표였습니다. 하지만 언론은 외면하거나 축소했습니다.

  그 결과이지요. 대다수 사람들이 조용합니다. 특히 젊은 세대, 인터넷 여론을 주도하는 네티즌들도 침묵입니다. 권력을 거머쥔 저들이 입만 열면 강조하는 '글로벌 시대'에 정작 식량이 무기로 사용될 수 있는데도 '식량 주권'을 포기하는 사태 앞에 대한민국 지식인들까지 모르쇠로 일관하고 있습니다.

  갑오농민전쟁 120주년을 맞은 해의 슬픔이자 분노입니다. 땅끝마을 농부 김덕종, 해남군농민회 회장이 문득 떠오른 것도 그래서였습니다. 서울에서 전라남도 해남은 버스로 다섯 시간 걸립니다. 흔히 땅끝마을로 불려왔지요. 하지만 해남 사람들은 그곳이 땅끝이 아니라 땅의 시작임을 강조합니다. 세월호의 원혼들이 아우성치는 진도 앞바다 바로 앞 육지의 시작이 해남이지요. 황토빛 그 땅은 남도가 낳은 위대한 시인 김남주의 고향이기도 합니다. 해남군농민회 회장 김덕종은 김남주 시인이 끔찍이도 사랑한 친아우입니다.

  2014년은 농민전쟁 120주년이자 김남주 시인 20주기이기도 합니다. 시인은 독재와 싸우면서도 언제나 '농부의 마음'을 잃지 않았지요. 가령 「다시 시에 대하여」는 '뿌리'를 성찰하며 결기 세워 노래합니다.

> 이제 그만 쓰자 시를 써야겠다는 생각도
> 내 머릿속에서 지워버리자
> 가자 씨를 뿌리기 위해 대지를 갈아엎는 농부의 틀녘으로
> 가자 뿌리를 내리기 위해 물과 싸우는 가뭄의 논바닥으로
> 가자 추위를 막기 위해 북풍한설과 싸우는 농가의 집으로
> 내 시의 기반은 대지다

시인이 농부를 노래한 대목은 더 힘찹니다.

> 보라 노동과 인간의 대지에 뿌리를 내리고
> 생활의 적과 싸우는 이 사람을
> 피와 땀과 눈물로 빚어진 이 사람의 얼굴을

시인이 꼭 염두에 둔 것은 아니겠지만, 바로 그 얼굴로 시인의 아우는 농부의 길을 뚜벅뚜벅 걸었습니다. 해남군농민회 회장 김덕종. 그는 시인이자 투사인 형과 달리 대학에 진학하지 않았지요. 1979년부터 2014년 지금까지 35년 내내 농사를 지으며 농민운동에 동참해왔습니다.

2014년 8월 26일 아침. 해남으로 떠났습니다. 해남 터미널에서 택시를 타고 김남주 시인의 그윽한 생가에 이르렀지요. 그곳에서 김덕종 회장과 두 시간 대담을 나눴고, 다시 읍내로 나와 저녁 식사를 한 뒤 해남군농민회 사무실에서 밤 11시까지 가슴을 열었습니다.

시인의 생가와 농민회 사무실의 기운을 담아 그날의 대담 자리로 독자들을 초대합니다. 대담을 정리하며 해남군농민회 회장의 이야기를 때로는 '서울 지역 표준어'가 아니어도 그대로 담았습니다. 투박한 말투에서 오히려 진정성을 느낄 수 있다고 판단했기 때문입니다.

'농부의 대자보'를 구상한 기획 의도는 다음의 간명한 물음으로 정리할 수 있습니다. 아무리 '피자'를 좋아하고 '치킨'을 즐겨도─더러는 단식투쟁하는 시민들 앞에서 피자와 치킨으로 '폭식투쟁'하는 무리도 있습니다만─한국인이라면 결국은 쌀이 주식일 수밖에 없을 터인데, 과연 우리가 지금처럼 쌀을, 농업을 시들방귀로 여겨도 괜찮을까요. 정말이지 식량 주권 빼앗겨도 과연 좋을까요?

네티즌들은 대체 뭘 먹고 살아왔고 또 살아갈 것인지, 가장 원초적이고 정직한 문제의식으로 대담을 시작한 까닭입니다.

손석춘 드림

정신 바짝 차리고 새로운 길을 찾아 나서야 합니다

농사를 시작한 지 35년입니다. 농민운동을 해온 지도 35년입니다. 자랑할 바는 아니지만 실로 오랜 세월 농사일과 농민운동에 청춘을 바쳐온 셈입니다. 그간 뼈아픈 과오도 있었고 시행착오도 많았습니다. 어쭙잖게 농민운동 한답시고 아버지로부터 물려받은 논도 밭도 다 날려버렸습니다. 후회되지는 않지만 어찌 보면 한심한 노릇이기도 합니다. 동네 사람들 가운데는 이런 나를 아직도 이해하지 못하는 사람들이 많습니다. 한동안 주위 사람들이 우리 집안을 가까이하지 않았던 때도 있었습니다. 심지어는 가까운 친지들마저 오가는 길에 마주치는 것조차 꺼렸습니다. 왜 그랬을까? '간첩질'했다고 소문난 남주 형 때문이었을까? 아마도 그것이 가장 큰 이유였음이 분명합니다. 나는 그런 문제를 극복하기 위해 동네에서 헌신적으로 살아가야겠다고 결심했습니다. 그리고 신뢰받는 농민운동가가 되자고 굳게 다짐도 했습니다. 그 마음은 지금까지도 변함이 없습니다.

어느 날 손석춘 선생이 요즘 세상 돌아가는 형편에 관해서 이야기 한번 해보자며 대담을 요청해왔습니다. 처음엔 망설였습니다. 솔직히 걱정도 앞섰습니다. 대담은 배운 사람들이나 하는 것 정도로 인식하고 있었고, 지금까지 살아오면서 대담이라고는 해본 적이 없었기에 여간 부담스러운 일이 아니었기 때문입니다. 그리고 십수 년 동안 변혁운동의 한 축인 농민회 조직에 소속을 두고 활동해온 사람으로서 한 마디 한 마디가 조심스럽지 않을 수 없었습니다.

며칠 고민 끝에 대담을 하기로 마음을 먹었습니다. 이참에 가슴속에 꾹꾹 눌러둔 말이라도 한번 속 시원하게 털어놔 보자라는 생각이 들었습니다. 그러나 여전히 고민은 남아 있었습니다. 혹여라도 나의 농민운동 경험담과 내가 하는 말이 마치 가장 옳다거나 잘한 일로 비치지나 않을까 걱정되지 않을 수 없었습니다.

대담은 손 선생이 묻고 내가 답하는 형식으로 진행됐습니다. 주로 아버지와 형(김남주 시인)의 삶을 중심으로 우리 가족이 살아온 이야기, 내가 농사에 몸을 담고 농민운동에 참여하게 된 배경, 쌀 개방 문제를 비롯한 작금의 농업·농민문제, 그리고 민주·진보 진영의 미래와 다가올 총선·대선에 관련한 이야기 등 두루두루 많은 이야기를 나누었습니다.

다섯 시간 가까이 대담을 하는 동안 애를 많이 먹기도 했습니다. 단순히 집안 이야기며 농사 이야기라면 옛말하듯이 있는 그대로, 살아온 그대로 술술 풀어 놓으면 그만일 테지만 최근의 현안 문제라든지 우리 사회가 나아가야 할 방향, 그리고 민주·진보 진영의 앞날에 대하여 내 생각을 말한다는 것이 쉽지만은 않았습니다. 자칫 주관적이거나 편향적일 수도 있습니다. 그러나 어느 부분은 한 사람의 운동가로서 진정성 있는 제안이 될 수도 있다는 생각도 듭니다. 만약 그렇다면 그걸 의제로 삼아 주위 분들과 함께 토론할 수 있는 기회를 가졌으면 하는 바람입니다.

총선, 대선을 치른 지가 엊그제 같은데 벌써 2년이 흘렀습니다. 상생의 조짐이 보이던 남북 관계는 살얼음 위를 걷고 있습니다. 자유롭게 표현할 수 있는 권리마저도 빼앗기고 있습니다. 민주주의는 퇴보하고 역사의 시곗바늘은 거꾸로 돌아가고 있습니다. 참으로 냉엄한 현실입니다. 독재의 망령이 되살아나고 있는 지금의 세월은 우리 국민 모두에게 치욕입니다. 누구의 탓이라고 말할 수 있겠습니까? 바로 우리가 잘못했기 때문입니다.

시간은 참 빠릅니다. 이제 곧 총선, 대선이 다가옵니다. 준비를 해야 합니다. 준비 없는 싸움은 결국 패배하고 맙니다. 한 번 실수는 병가지상사라고 한다지만 두 번 실수는 망하는 길입니다. 기득권도 과감히 내려놓을 줄 알아야 합니다. 조그만 것 얻으려다 큰 것을 잃을 수 있습니다. 정신 바짝 차리고 새로운 길을 찾아 나서야 합니다. 그것만이 우리가 살길이요 희망입니다.

김덕종 드림

식량 주권 '인터넷 운동' 벌일 때다

손석춘: 오랜만에 뵙습니다. 건강해 보이셔서서 참 좋습니다. 박근혜 정부가 쌀을 전면 개방하겠다고 나섰습니다. 그런데 대다수 우리 국민들이 쌀 전면 개방에 도통 관심이 없어요.

김덕종: 그렇습니다.

손석춘: 그래서인데요. 차근차근 짚어보죠. 쌀 전면 개방은 일차적으로 우리 300만 농민에게 엄청난 시련일 텐데요. 어떻게 보세요?

김덕종: 맞습니다. 크게 두 가지로 볼 수 있습니다. 첫째는, 쌀 전면 개방은 쌀값을 떨어뜨리는 가장 큰 요인이 될 것입니다. 우루과이라운드 협상으로 가공 쌀이 수입되면서부터 사실 쌀값은 20년간 오르지 않았습니다. 거기에 비해 농약 등 농자재 값은 천정부지로 올랐습니다. 특히 비료 값은 비료 회사들이 담합하면서까지 가격을 올렸지요. 쌀농사 포기한다는 말이 나올 정도입니다. 둘째는, 쌀은 안보다, 주권이다, 민족의 혼이다라고 합니다. 맞는 말입니다. 조상 대대로 지어온 쌀농사가 무너지지 않을까 하는 걱정을 떨쳐버릴 수 없습니다. 쌀은 우리 국민의 생명과도 같습니다. 감상적인 생각만으로 쌀을 지켜야 한다는 게 아닙니다. 식량이기 때문입니다. 쇠를 갈아 먹고 살수는 없잖아요. 게다가 식량 창고를 남의 나라에 맡길 수야 없는 노릇 아니겠습니까? 쌀 자급률이 급격히 떨어지고 있습니다. 4~5년 전까지는 100퍼센트 자급해왔던 쌀이 지금은 80퍼센트대로 떨어졌습니다. 한마디로 심각합니다. 쌀의 소중함을 되새겨봐야 합니다.

손석춘: 그랬습니다. 저도 밥풀 한 알도 소중히 여기라는 말을 듣고 자랐으니까요.

김덕종: 쌀을 대하는 국민들의 태도도 달라져야 합니다. 배고픈 시절에는 쌀 한 톨이라도 함부로 버리지 않았습니다. 쌀밥을 먹고 싶어도 못 먹던 시절이 있었습니다. 동네 태반이 그랬습니다. 요즘 젊은 이들, 그런 어려웠던 시절 상상 못합니다. 누가 이야기해주지도 않고, 어디서 배우지도 않았기에 쌀 보기를 쉽게 여기는 것이 아닌가 하는 생각도 듭니다. 우리 아이들한테 "야 너희들 쌀이 어떻게 만들어지는지 알고 있냐?"라고 물으면 대답을 못합니다. 애들이 시골에서만 태어났지 쌀농사 짓는 것을 보지 못했으니 당연하지요. 문제는 쌀이 어떻게 생산되는지 알아야겠다는 생각 자체를 못한다는 사실입니다. 한심합니다. 내가 자세히 설명을 해주면 그때서야 조금씩 쌀에 대한 생각이 바뀝디다.

손석춘: 정부의 쌀 전면 개방 발표*는 아예 협상도 하기 전에 미리 항복하고 나선 셈이지요?

* 정부는 지난 7월 18일 2015년 1월부터 쌀 시장을 관세화로 전면 개방하겠다고 선언했고, 9월 18일 세계무역기구(WTO)에 통보할 쌀 관세율은 513퍼센트로 결정했다고 밝혔다. 농민들은 협상 한번 제대로 하지 않고 서둘러 '식량 주권'을 포기한 것에 대해 거세게 반발하고 있다. 20퍼센트대 낮은 곡물 자급률의 마지막 버팀목인 쌀마저 개방되면 식량을 세계시장에 전적으로 의존하게 되며, 국제적 식량 가격을 좌지우지하는 다국적 곡물 기업들한테 우리의 생명줄을 맡기는 셈이라는 지적이 나오고 있다. 전국농민회총연맹 등 농민 단체들은 앞으로 다른 나라와 체결하게 될 FTA(자유무역협정)와 TPP(환태평양경제동반자협정) 등에서 관세율이 낮아지거나 폐지될 개연성 등을 들어 쌀 개방에 적극 반대하고 있다.

김덕종: 맞습니다. 지난 7월 18일 쌀 개방 선언은 정부가 싸워보지도(협상) 않고 포기하고 나선 거지요. 아주 적절한 표현입니다. 왜 그랬을까요? 이면에 뭔가 숨기고 있는 것 아닌가요? 그런 게 없다면 급하게 서둘러서 관세화 선언을 할 이유가 없다고 많은 농민들이 이야기합니다. 도대체 누구의 이익을 위해서인지 정부는 국민들에게 말해야 합니다. 재벌들 편을 든 것인지, 미국의 압력인지, 진정으로 농민들과 국민들을 위해서인지 지금이라도 분명히 밝혀야 합니다. 이걸 말하지 않으면 반민주적입니다. 민주가 아닌 것은 독재입니다.

11

손석춘: 독재의 징후가 여러 곳에서 나타나고 있습니다. 박근혜 정부는 2014년으로 10년 개방을 유예한 기간이 끝나니까 2015년부터는 어쩔 수 없다고 이야기합니다. 정부 주장을 어떻게 보아야 할까요?

김덕종: 그래서 이동필 장관이 관세화를 거의 기습적으로 선언했지요. 그리고 관세를 유예하면 MMA(의무 수입) 물량이 배로 늘어나기 때문에 오히려 농민들에게는 불리해진다고 주장하면서 은근히 농민들에게 엄포를 놓고요. 그러나 정부의 주장은 그야말로 터무니없습니다. 물론 관세 유예 협상 과정에서 대가를 치를 수 있는데 그것도 어디까지나 협상을 해봐야 하는 거지요. MMA 물량이 배로 늘어난다는 것도 사기 치는 겁니다. 또 관세율을 500퍼센트 이상 매기면 수입 쌀과 충분히 경쟁할 수 있다고 그럽디다. 우선 듣기에는 그럴싸합니다. 그러나 관세율을 계속 고관세로 지켜나갈 수 있을까요? 다른 협상, 즉 FTA나 TPP 협상에서 가만히 있을 것 같습니까? 정부 당국자도 그 점에 있어서 장담을 못하고 있어요. 2~3년 지나면 관세율 허물어집니다. 국민을 그런 식으로 속이면 벌 받습니다. 김성훈 전 농림부 장관도 그 부분에 대해서 언론을 통해 지적하고 입장을 밝힌 사실이 있습디다. "우리 정부가 언론을 통해 희망하는 400퍼센트, 500퍼센트의 관세화에 의한 전면 개방 계획은 단지 희망 사항일 뿐 논리적·사실적 근거가 지극히 미미하다"고 지적하고 있고, 통상 전문 변호사인 송기호 변호사는 "쌀 문제는 높은 관세율로 해결하기도 어려워졌다. 이미 고관세율을 내리기 위한 국제조약이 준비 중이기 때문이다. 한·미, 한·중 FTA, TPP가 고관세율을 집중적으로 공격하기 위해 기다리고 있다"고 밝히고 있습니다.

손석춘: 그런데 정부의 자세를 보면 한·미 FTA를 일방적으로 해나갈 때와 거의 똑같아 보이죠?

김덕종: 맞아요. 못된 것은 빨리도 배웁니다. 바뀌어야 합니다. 그들은 절대 스스로 바뀌지 않습니다. 바꾸어나가야 합니다. 누가? 바로 국민들입니다. 정치권은 국민들의 요구와 투쟁에 의해서 마지못해 달라지는 것이라 봅니다. 국민적 사안은 국민 합의가 중요합니다. 국민 합의는 절차와 과정이 민주적이어야 하고요. 객관적이고 공정성이 보장된 공청회 등을 통해 국민 의견 수렴 과정을 거치고, 특히 피해 당사자들 간의 진지한 대화를 통한 대책들도 논의를 거쳐야 합니다. 이것이 민주주의를 배워나가는 과정이기도 합니다.

손석춘: 국민적 의견 수렴을 강조하셨는데요. 전국농민회총연맹(이하 전농)은 어떤 의견, 어떤 대안을 내놓고 있는지요.

김덕종: 관세화 유예, 즉 현상 유지입니다. 현재 수입 물량 40만 8,000톤을 유지해야 한다는 것입니다. 이는 전농의 최소한의 요구입니다. 정부가 협상력을 발휘하면 가능한 일입니다. 10년이 지났으니까 이 길밖에 없다. 그게 쌀을 지키는 것이다 그러는데, 그러면 쌀 금방 무너집니다. 한번 둑이 무너지기 시작하면 삽시간이에요. 미쳤어요 정부가. 쌀 관세화 선언 빨리 철회해야 합니다. 이유를 분명히 말씀드리죠. 여론조사를 보면 국민 대다수가 개방을 반대하고 있습니다. 국민적 합의 과정도 없었습니다. 제대로 된 공청회도 한번 해본 적 없습니다. 여론 수렴도 '농피아'를 앞세운 일방적 설명회에 불과했습니다. 비민주적으로 잘못 진행된 점을 인정할 줄 아는 정부가 되어야 합니다. 재벌들이나 강대국에게 무릎 꿇을 것이 아니라 오히려 국민들 앞에 무릎을 꿇어야 하는 것 아닙니까?

손석춘: 상황이 엄중한데요. 그럼에도 아까 말씀하셨듯이 우리 국민, 특히 젊은 세대는 쌀 전면 개방 문제를 가볍게 보고 있는 게 사실입니다. 그렇게 생각하는 국민들에게 어떤 말씀을 건네고 싶은가요?

김덕종 : 농사란 그해 날씨에 따라서 흉년이 들기도 하고 풍년이 들기도 합니다. 또 홍수나 태풍으로 한 해 농사를 망치는가 하면 갖은 병충해로 수량이 감소하는 경우도 빈번히 있습니다. 북한은 1995~1996년 엄청난 홍수로 토지가 매몰되고 벼농사를 망쳤습니다. 2000년대 초반에도 몇 번의 홍수로 식량 사정이 매우 악화됐지요. 그 피해로 많은 인민들이 굶주려야 했습니다. 아사 상황까지 가기도 했다는 사실을 우리 국민들은 보도를 접해 잘 알고 있습니다. 그뿐입니까? 식량 수출국들이 한번 가뭄이라도 들어봐요. 밀이며 쌀값 금방 폭등합니다. 한시라도 마음 놓을 수 없는 것이 먹고사는 문제 아닙니까? 아무리 돈이 많다 하더라도 식량을 사올 곳이 없으면 어떻게 할 겁니까? 그래서 세계 어느 나라든 식량 자급을 위해 애쓰고 있습니다. 우리나라도 100퍼센트 자급 조건은 어렵더라도 최소한 50퍼센트의 자급 조건은 가지고 있다고 전문가들도 이야기하고 있습니다.

나는 우리 국민들에게 꼭 당부드리고 싶은 말이 있습니다. 먼저, 농민들이 서울 한복판에서 데모를 하고 다소라도 피해를 주는 것에 대해서는 죄송하게 생각합니다. 그리고 다는 아니겠지만 농민들더러 '집단 이기주의다'라는 비판적인 시각이 있다는 것도 압니다. 충분히 이해합니다. 그러나 농민들의 이익만을 위한 것은 절대 아니라는 것을 알아주었으면 합니다. 농민들은 사회·정치·경제·문화적으로 소외받으며 살고 있습니다. 특히 수출주도형 공업화 정책으로 오랫동안 희생당하며 살아왔습니다. 지금도 마찬가지입니다. 정부는 쌀 개방과 관련해서도 농민들의 요구는 단 한마디도 귀담아듣지 않고 있습니다. 단지 농민들만 잘살자고 쌀 개방 반대하는 것 절대 아닙니다. 농민들도 똑같은 국민으로서 장차 이 나라의 식량문제를 함께 걱정하고 있습니다. 쌀값을 터무니없이 많이 받자고 주장하는 것도 아닙니다. 최소한의 생산비는 정부가 보장해야 한다고 요구하는 것입니다. 국민들도 그렇게 이해해주시면 고맙겠습니다.

세계적인 식량 위기가 반드시 올 것이라는 이야기는 어제오늘 나온 말이 아닙니다. 지금 이 시간에도 세계 도처에서 수많은 사람들이 굶주림에 허덕이며 죽어가고 있습니다. 옛날 우리 아버지들은 있는 독(항아리)이 다 비어도 쌀독은 비우지 말라고 했습니다. 쌀이 없어서 굶어본 사람들의 말입니다. 그때는 쌀 한 톨이라도 흘리면 야단맞았습니다. 쌀은 우리의 생명입니다. 쌀은 우리의 자존심입니다. 쌀독에 쌀이 떨어져 봐요. 이웃집에 빌리러 가야 합니다. 구걸해야 되고. 그렇게 되면 종이 됩니다. 우리 농민들은 열심히 땀 흘려 쌀 생산에 최선을 다할 겁니다. 도시에 사는 사람들, 특히 젊은이들에게 부탁드리는데, 쌀을 소중히 합시다. 생명을 소중히 하는 것과 똑같습니다. 농민들의 쌀 투쟁에 함께하는 것도 주권을 지키고 안보를 위한 길에 동참하는 것이라 말씀드리고 싶습니다.

손석춘: 쌀을 전면 개방하겠다는 정부 발표에 전농이 투쟁을 다지고 있는 걸로 알고 있습니다.* 투쟁이 어떻게 전개될 것 같습니까? 전농의 현장 동원력이 많이 떨어졌다는 이야기도 들리던데요.

> * 쌀을 관세화함으로써 전면 수입할 수 있도록 하겠다는 정부 발표에 대해 전농은 김영호 의장 명의로 긴급 성명을 발표했다. 다음은 성명서의 주요 내용이다. "7·18 쌀 관세화 관련 정부 발표는 전농뿐 아니라 국회, 타 농민 단체의 요구를 모두 무시한 채 불통 농정을 선언한 것으로 한국 농정의 참사로 기록될 것이다. (…) 중차대한 쌀 개방 방법을 국회 보고로만 마무리하겠다는 것은 최소한의 절차도 무시하겠다는 것이다. 국회의원들이 주장한 '사전 동의'마저 묵살한 것은 국회도 인정하지 않고 통상 독재를 하겠다는 것이다. 여론 수렴 과정도 농피아를 앞세운 농식품부의 일방적 설명회에 불과했고, 비판은 배제하고 순종만 치켜세우면서 분열을 조장한 저급한 소통이었다. 종합해보면 오늘 정부 발표는 국회, 농민, 국민은 '가만히 있으라'는 것을 말하는 것이며 국민의 목소리는 앞으로도 듣지 않겠다는 것이다. 이는 세월호 참사를 통해 정홍원 국무총리를 비롯한 국무위원들이 전혀 반성하지 않고 있다는 것을 다시금 확인한 것이다. 전국농민회총연맹은 전국 제일의 자주적 대중 조직으로서 30여 년간 우리 쌀을 지키기 위해 최선두에서 결정적 역할을 해왔다. 전국농민회총연맹은 협상도 하지 않고 쌀 전면 개방을 선언한 7·18을 기점으로 박근혜 정부에 대한 농민들의 대규모 투쟁을 만들어갈 것이며 정부가 포기한 식량 주권은 농민들의 힘을 모아 지켜나갈 것이다."

김덕종: 옛날에는 10만, 20만 명 대회도 했습니다. 근데 지금은 만 명 대회도 어려운 것이 현실입니다. 많이 떨어졌습니다. 여러 가지 이유가 있습니다. 농촌에 청년들이 거의 없고, 인구도 300만으로 줄었습니다. 또 요새는 농번기가 따로 없다시피 해서 노상 바쁩니다. 그동

안 많은 투쟁을 해왔는데 표면적으로 나타나는 승리 투쟁이 별로 없었다는 것이 큰 요인이기도 합니다. 쌀 전면 개방은 농민들만의 투쟁으로 저지하기에는 너무도 벅찹니다. 쌀 개방은 농민들만의 문제로 볼 수 없기에 국민들과 함께 이 싸움을 준비하고 함께 싸웠으면 하는 바램입니다.

손석춘: 실제로 농민들의 피해가 무엇인지요? 도시에 사는 사람들과 구체적으로 진실을 나누었으면 합니다.

김덕종: 20년 동안 쌀값은 하나도 오르지 않았습니다. 가장 큰 이유가 우루과이라운드 협상 등 개방 농정 때문입니다. 농민들이 봤을 때는 수입 개방에 따른 아무런 대책 없이 문을 열어버린 거지요. 농자재 값도 천정부지로 뛰었어요. 농약 값도 많이 올랐습니다. 비료 값은 비료 만드는 회사들끼리 담합해서 올리고. 지금 소송 중입니다. 이 소송에 농민 2만 명이 참여했어요. 지금 햅쌀이 나오고 있는데, 작년보다 싸다고 합니다. 농촌이 노령화돼서 70~80세 노인들이 들에 나가서 거름 뿌리고 농약 치며 농사를 짓고 있습니다. 내 누님은 80을 바라보는 나이인데도 깨 심고 콩 심습니다. 다리가 아파서 엉덩이걸음으로 콩밭, 깨밭 맵니다. 한 사람 한 끼 쌀값이 160원꼴 정도 된다는 통계가 있습니다. 하루 세끼 해봐야 500원도 채 안 됩니다. 소비자 입장에서는 비싸다고 볼런지 모르겠지만 농사꾼 입장에서 보면 모든 곡물 값이 똥값입니다. 개인적 생각으로는, 없어서는 안 될 곡물에 대해서는 국가가 수매해서 농민에게는 생산비를 보장해주고, 소비자는 싼값에 사 먹을 수 있도록 하는 이중곡가제가 가장 좋은 제도라고 봅니다. 이러한 제도를 통해 이제는 농민만이 아니라 소비자도 함께 힘을 모아서 안전한 먹거리를 지켜나가는 것이 중요한 일이다라고 말하고 싶습니다.

손석춘: 솔직히 말씀드리면, 저도 마음이 아프면서 걱정도 됩니다.

아까도 말씀하셨지만 과거에는 10만 명 모이는 게 예사였지만 지금
은 4,000~5,000명 모이기도 어려운 상황인데, 지금 대단히 중요한
국면이잖습니까? 전농 김영호 의장, 훌륭하신 분이지요. 충남도연맹
의장 맡고 계실 때 몇 차례 강연을 갔었어요. 정말 미덥고 든든한 분
이더군요. 그런데 지금 국면에서 투쟁의 동력을 엮어내기가 쉽지 않
아 보입니다. 더구나 일반 네티즌들도 쌀 문제에 별로 관심이 없어요.
예를 들어 지하철의 개똥 따위는 뜨거운 관심을 보이는데, 정작 쌀
문제는 그렇지 않거든요. 안타까운 일입니다.

김덕종: 그래요.

손석춘: 그래서 제가 여쭤보고 싶은 것이 두 가지인데요. 이런 상황
에서 전농이 어떻게 싸울 수 있을지. 그러니까 어떤 생각을 가지고
있는지 궁금하고요. 또 하나는 쌀 개방에 관심 없는 네티즌들에게
어떤 말씀을 해주고 싶으신지입니다. 첫 번째부터 짚어볼까요?

김덕종: 손 선생이 서울 한복판에서 '쌀 개방 절대 안 돼'라는 피켓
을 들고 1인 시위를 한번 해보세요. (웃음) 그리해서 만방에 알리세요.

손석춘: 용산 철거민 참사 때 청와대 앞에서 1인 시위를 했었습니다.
그런데 만방에 알려지지 않던데요. (웃음)

김덕종: 물론 혼자서는 안 되겠죠. 1인 시위를 조직화하고, 촛불을
들고 광화문으로 모이고, 그래서 마침내 횃불로 활활 타오른다면 결
과가 어떻게 나올까요? 재미있겠지요.

손석춘: 1인 시위는 언제든 동참하겠습니다. 만방에 알리려면, 지금
이 대담집을 비롯해 철수와영희 출판사의 〈철수와 영희를 위한 대자
보 시리즈〉도 부지런히 내야겠고요. (웃음)

김덕종: 농업, 농민, 농촌의 근본적인 문제를 농민의 힘만으로 해결할 수 없는 것처럼 농민만의 투쟁으로 쌀 수입을 저지한다는 것은 한계가 있습니다. 전농도 이를 잘 알고 있습니다. 쌀 전면 개방 문제도 '국민 속에서 국민과 함께'라는 기치를 내걸고 지금 싸우고 있습니다. '식량 주권과 먹거리 안전을 위한 범국민운동본부'도 조직해 열심히 싸워왔고요. 크고 작은 조직들이 50개 단체 정도 참여하고 있습니다. 그럼에도 많은 국민들이 이를 전혀 모르고 있고, 우리도 홍보가 부족하다는 것을 느끼고 있습니다. 신문에도 단 한 줄 안 나옵디다. 안타까운 일입니다.

손석춘: 언론이 직무유기를 하고 있는 셈이지요. 네티즌들은 어떻게 보세요?

김덕종: 네티즌들 무섭습니다. 무슨 사회적·정치적 이슈가 생기면 벌떼같이 들고일어납니다. 한마디로 네티즌 시대로 접어든 세상이 아닌가 할 만큼 그들의 여론 형성은 삽시간에 전국을 강타할 정도입니다. 그래서 나도 새로운 이슈가 생기면 몇 군데 찾아봅니다. 쌀 개방 문제도 나는 상당한 국민적 관심사로 보고 있었는데 그 부분에 대한 네티즌들의 이야기가 영 의외입디다. 솔직히 속도 좀 상했고요. 먼저 하나 네티즌들에게 당부드리자면, 건전한 토론 문화가 하루속히 정착되도록 서로가 노력했으면 좋겠어요. 그렇게 된다면 암울한 우리 사회에 큰 서광이 비칠 것이라 확신합니다. 인터넷 토론방 자체가 여론 광장이고 참여정치의 광장이라는 생각이 듭니다. 직접민주주의로 가는 지름길도 될 수 있고요. 내 말이 맞나요?

손석춘: 네, 공감합니다. 인터넷이 열어놓은 새로운 가능성이지요.

김덕종: 그런데 앞에서도 이야기했지만 국민들이 식량의 중요성을 좀 더 깨달아야 한다는 생각이 들어요. 특히 젊은 세대들은 배고픈

시절을 겪지 않아서인지 식량을 소중하게 생각하지 않는 것 같습니다. 식량의 주된 곡물이 밥을 짓는 쌀인데, 이 쌀 한 톨이라도 더 수확하기 위해 우리 선조들이 대대로 얼마나 피눈물 나는 고생을 했습니까. 토지 일구느라 뼛골이 빠지고, 애써 농사지은 것 수탈당하고 말입니다. 보릿고개라 하면 우리 어르신들 지긋지긋해서 상상조차도 하기 싫을 거예요.

손 선생도 잘 알겠지만 80년대에 큰 가뭄이 든 적이 있었어요. 그 해 정말 처참했습니다. 그때 북에서 약간의 식량을 지원한 적이 있습니다. 2006년도엔가 신문을 보고 알게 됐는데, 그때 쌀을 지원받아 먹었던 한 노인이 그 고마움을 잊지 못해 푼푼이 돈을 모아 쌀을 사서 북에 보냈다는 이야기를 접하고 감동받은 적이 있습니다. 당시에 우리도 북에 쌀 보내기 운동을 했을 때입니다. 나는 그래서 쌀의 소중함에 대해서는 백번 천번 이야기해도 모자라지 않다고 말하고 싶습니다. 아니, 가능한 한 더 많이 말을 해야 합니다. 이런 측면에서 네티즌들의 역할이 아주 중요합니다. 큰일을 할 수 있습니다. 좀 귀찮기는 하겠지만 지금부터라도 쌀의 소중함을 일깨워주는 활동을 온라인을 통해서 활발히 진행해주었으면 하는 바램이고요. 우리 식량 창고 지키기에도 함께해주기를 간절한 마음으로 호소 드립니다.

손석춘: '우리 식량 창고 지키기', 좋은 말씀이네요. 젊은 네티즌들이 해남군농민회 회장님의 호소에 어떻게 답할까 궁금한데요. 사실 상황이 이렇게 된 데는 아까도 말씀하셨지만 언론의 책임이 큽니다. 신문과 방송이 식량 자급 문제를 적극 의제로 설정해야 옳은데 그러지 않고 있으니까요.

김덕종: 그렇습니다. 식량은 국민적 문제입니다. 따라서 국민적 의제가 되어야 하는 것이 마땅합니다. 농민은 식량을 생산하는 주체일 뿐입니다. 근데 정부는 쌀 문제를 전혀 국가적 의제로 삼지 않으려고 합니다. 일이 복잡해지는 것을 피하는 것이지요. 그저 농민들과의 문

제로 만들어버린다 이거예요. 단순히 쌀값이 오르느니 내리느니 하면서 고율 관세를 매기면 농민이 절대 타격받지 않을 테니 걱정 마라, 농민들이 떼를 쓰는 거다. 이런 식으로 국민의 눈과 귀를 틀어막고 있습니다. 이런 상황에서 언론의 역할은 매우 중요합니다. 그러나 언론도 정부 당국자의 이야기에만 관심 있지 직접 피해자인 농민들 이야기나 국민들이 쌀 개방과 관련하여 어떤 생각을 가지고 있는지 심층적으로 파고들지 않습니다. 이 신문이나 저 신문이나 받아쓰기나 하고 말입니다. 공중파 방송들도 마찬가지예요. 소위 진보언론도 기사 한두 번 쓰다가 꼬리 감추듯 사라져버립디다. 한판 크게 벌여서 농민들이 대판 싸우다 다치고 깨지면 좀 달라질까요? 그때도 언론은 언제 어디서 농민들이 쌀 개방 반대 시위를 하다 경찰과 충돌하여 경찰과 농민이 몇 명 다쳤다는 사건 중심의 보도로 끝나겠지요? 왜 싸웠는지, 원인이 어디에 있는지, 왜 그렇게 됐는지 별 관심이 없습디다. 손 선생이 언론계에서 일을 해봐서 잘 알겠지만 조중동을 찌라시라고 하지 않습니까? 종이 장사 한다는 사람들도 많고요. 〈한겨레〉가 그나마 옛날에 농민문제에 대해서 상당히 다뤄줬죠.

손석춘: 옛날에요? 요즘은 아닌 것 같으세요?

김덕종: 요즘은 잘 안 다루는 것 같아요. 그래 가지고 〈한겨레〉 그만 보네 어쩌네 이런 이야기도 나와요. 그리고 〈오마이뉴스〉에서 잠깐 다룬 부분도 있는데, 그건 인터넷판이라서 농민들이 볼 수도 없어요.

손석춘: 우리 열정적인 네티즌들이 조금만 관심을 보여도 농촌을 지키고 계신 분들과 전농에 큰 힘이 될 텐데요.

김덕종: 네티즌들, 요즘 우리 사회 여론을 형성하는 데 정말 중요합니다. 네티즌들은 아까도 말씀드렸던 우리 쌀의 소중함이라든가 관세화냐 유예냐 등을 놓고 논쟁을 하잖아요. 그런데 저는 그래요. 네

티즌들이 정부가 발표하는 내용만 봐서도 안 되고, 또 농민운동권에서 이야기하는 것만 들어서도 안 되고, 좀 객관적으로 쌀 전면 개방에 대한 문제를 살펴보고 자기 입장을 내세웠으면 좋겠어요. 헐뜯기식이 아닌, 좀 진지한 댓글들이 많이 올라왔으면 합니다.

손석춘: 말씀하신 김에 조금 더 구체적으로 이야기해볼까요? 쌀 전면 개방에 네티즌들이 어떻게 참여하면 될까요?

김덕종: 네티즌들의 역할이라는 게 기본적으로 인터넷상에서만의 활동으로 그치는 것으로 정해져 있는 것은 아니란 생각입니다. 인터넷상에서도 의제에 관한 토론이 제법 활발하게 진행이 되고 또 의견들도 대략 모아지기도 하면서 옳고 그름이 판단됩니다. 나는 거기서 그쳐서는 안 된다는 거지요. 물론 나름대로 의미가 있겠지만 사물을 감상적으로 보아서는 안 된다고 생각합니다. 옳고 그름이 판단되면 그다음은 판단에 따라서 행위(실천)로 발전하는 것이 중요하다고 봅니다.

2 머슴 살던 아버지, 주인집 딸과 결혼

손석춘: 잘 알겠습니다. 네티즌들의 호응을 기대해보죠. 이제 우리 농촌, 농민의 삶을 좀 더 구체적으로 짚어보았으면 합니다. 회장님은 농사를 지으며 농민운동도 줄기차게 해오셨는데 어느덧 예순이 넘으셨죠? 농민으로 살아온 역정을 네티즌들과 나누는 것도 좋을 듯한데요. 그 길이 한국 농업의 역사와도 이어져 있을 테니까요. 가족 이야기로 시작해볼까요? 형님인 김남주 시인과 여덟 살 차이라고 들었습니다.

김덕종: 맞아요. 내가 1953년 1월생입니다.

손석춘: 대대로 농부 집안이었죠?

김덕종: 그렇습니다.

손석춘: 그럼 농부였던 아버님에 대한 추억을 먼저 들어볼까요? 저는 그게 자랑스러운 일이라고 진심으로 생각합니다만, 선친께서 머슴이었다고 들었습니다.

김덕종: 네.

손석춘: 조상들이 언제 여기 해남에 오신 건가요?

김덕종: 완도 노화도에서 해남으로 건너와 5대째 살고 있습니다.

손석춘: 그럼 5대째 여기서 농사를 지으셨던 거군요. 선친께서 머슴이었다는 이야기 좀 더 들려주시죠.

김덕종: 저는 이야기만 들어서 알 뿐입니다. 아버지가 머슴살이할 때는 제가 세상에 태어나지 않을 때라 직접 보지는 못했습니다. 머슴살이했던 곳은 여기서 멀지 않아요. 한 4키로 정도. 해남읍에서 약간 떨어진 고수리라는 마을이 있습니다. 물론 부잣집이었습니다.

손석춘: 그러셨군요. 그런데 주인집 따님과 결혼하셨다면서요?

김덕종: 네, 머슴 살던 집 외동딸이에요.

손석춘: 아, 아들이 없었군요.

김덕종: 아들이 없었대요. 그래서 할머니가 양자를 받았어요. 양자가 작은집 조카였답니다.

손석춘: 저는 머슴이 주인집 딸과 결혼한 게 상당히 문학적 로맨스로 다가오기도 합니다. 아버님과 어머님은 나이 차이가 어느 정도 되세요?

김덕종: 다섯 살 차인가? 좀 많았죠. 머슴살이하느라 결혼이 좀 늦었다고 들었어요. 당시 나이가 서른 살인가 그랬대요. 상당히 늦은 편입니다.

손석춘: 아버님과의 추억, 어떤 게 떠오르세요?

김덕종: 아버지는 말년에 낚시를 무척 좋아했어요. 내가 다니던 초등학교 가는 길 중간쯤에 좋은 낚시터가 있었어요. 밥도 안 먹고 새벽에 낚시를 가요. 학교 가는 길에 아침, 점심 도시락을 내가 가져다 드렸어요. 바다에 고기 잡으러 갈 때도 따라가 본 적이 있어요. 아버지는 가끔 이웃 동네 친구들과 어울리기를 좋아했어요. 집에 올 때

는 잊지 않고 과자나 오징어를 사들고 왔지요. 기억이 생생합니다.

손석춘: 그럼 아들은 김남주 시인하고 회장님 둘이었나요?

김덕종: 남주 형 위에 형이 한 분 더 계십니다.

손석춘: 아, 김남주 시인 위로 형이 있었어요?

김덕종: 큰형이 있었는데 재작년에 돌아가셨어요. 75세로. 서울에서 살았습니다.

손석춘: 김남주 시인에게 형님이 계셨다는 건 몰랐네요.

김덕종: 대부분의 사람들은 잘 모릅니다. 큰형은 대학을 다니다가 2학년 때 입대를 했어요. 제대하고는 복학하지 않고 바로 사업을 한다고 이리저리 뛰어다녔는데 잘 안 풀렸어요. 결국은 광주, 서울로 전전하면서 살다가 운전을 배웠습니다. 운전학원 강사를 하다가 영업용 택시를 몰았는데, 개인택시도 하고 그랬지요.

손석춘: 그럼 아들 셋에 딸은…….

김덕종: 누나 둘, 여동생 하나, 3남 3녀입니다.

손석춘: 6남매 키우시느라 아버님이 힘드셨겠어요.

김덕종: 물론입니다. 아버지처럼 고생한 사람 세상에서 찾아보기 드물 겁니다. 무척 부지런하고 근면 성실한 분이었다고 그럽디다. 할아버지한테서 물려받은 것은 머슴살이뿐이었다고 하대요. 머슴살이로 시작해서 나름대로 농토도 좀 마련하고 자수성가한 분입니다. 환갑

이 가까워지면서부터는 일을 자주 피하드라고요. 일이 지긋지긋했나 봅니다. 당신 말로, 이제는 일 그만하고 좀 놀고 싶다고 늘 그랬어요.

손석춘: 그렇게 부지런하셨으면 쉴 권리가 있으신 거죠. 선친과 나눈 이야기 가운데 어떤 대목이 떠오르세요?

김덕종: 아버지가 주로 나한테 들려준 이야기는 아버지가 살아온 과정이었어요.

손석춘: 그러셨군요.

김덕종: 열심히 일해 머슴살이로 받은 새경으로 논을 다섯 마지기(약 1,000평) 샀다는 이야기부터 재산을 형성하게 된 과정을 이야기해 주셨어요. 하루에 세 시간만 자면서 일을 했대요.

손석춘: 세 시간밖에 안 주무셨대요?

김덕종: 아버지는 정말로 몸뚱아리 하나로 살림을 일궜다고 그랬어요. 손 선생, 참게 알아요? 밥도둑놈 그게 말입니다. 큰 발에 털이 보송보송한 게 말이에요. 아버지는 농사만 해서 재산을 모은 것이 아니라 바로 그 참게를 잡다 팔아서 짭짤한 소득을 올렸다고 했어요. 우리 지역이 바다하고 가까운 동네였습니다. 이를테면 섬진강에 참게가 많듯이. 우리 논 옆으로 조그마한 똘(실개천)이 항시 흘러요. 그래서 참게밭이나 다를 바 없었어요. 나도 두어 번 아버지 따라 참게 거두러 간 기억이 있어요. 참게 잡는 과정은 전혀 복잡하지 않아요. 해 질 무렵 똘에 발(대나무를 가늘게 다듬어 줄로 엮은 도구)을 쳐요. 그리고 램프등을 켜놓습니다. 그러면 참게가 불빛을 보고 떼로 모여들어요. 발만 걷어올리면 됩니다. 잡은 참게는 쪼락(대나무로 엮은 바구니 같은 도구)에 담아 집으로 오면 됩니다. 그 시간이 새벽 세네 시경입니다.

그다음부터는 할머니 일입니다. 해남읍이 약 5키로 정도 되는데, 할머니가 머리에 이고 걸어서 읍내에 나가 팔아오고 했답니다. 돈이 벌리니 좀 재미 붙었겠습니까? 신났겠지요. 그뿐입니까? 농부들은 쉴 새 없이 논밭을 자주 다닙니다. 물꼬 보러도 다니고 작물들이 어떻게 잘 자라는가, 병기는 없는가, 이런 거 보러 다니는데, 길 가다가도 쇠똥이 길바닥에 있으면 그걸 주워다가 자기 전답에다 뿌렸답니다.

손석춘: 거름으로 쓴 거군요.

김덕종: 그렇습니다. 아버지가 젊었을 때는 거의가 짚신 신고 다니던 시절이었습니다. 어쩌다, 그러니까 1년에 한 번쯤 고무신 사서 신을 정도였겠지요. 아버지는 고무신이 닳는 것이 아까워 논밭에 가다가도 사람들이 보이지 않으면 신발을 벗고 맨발로 걷다가 누구라도 눈에 띄면 창피스러워서 얼른 신고 그랬다는 겁니다. 그렇게 정말 근검절약하면서 재산을 모은 거죠. 옛날 어르신들 다들 그랬지만 아버지는 유별났던 것 같아요.

손석춘: 그럼 아들 셋 가운데 가업을 이은 것은 회장님뿐이네요.

김덕종: 네.

손석춘: 아버님이 참 자랑스러워하셨겠어요.

김덕종: 내가 제대한 해가 1979년 3월 중순이었습니다. 그리고 그해 4월 16일 아버지가 돌아가셨고, 제대했을 때 아버지가 암 투병 중이어서 경황이 없었지요. 모르겠습니다. 아버지가 속으로 무슨 생각을 하셨는지.

손석춘: 그럼 회장님이 제대하기 전에 농사는 누가 지었나요?

김덕종: 머슴들이 했어요. 김남주 집은 가난했다, 이렇게들 보통 알고 있는데 사실은 그렇지 않아요. 머슴 출신이지만 아버지가 자수성가해 가지고 상당한 농토를 마련했어요. (웃음) 머슴이 많을 때면 셋, 그니까 상머슴이 있고, 중머슴이 있고, 깔땀살이가 있어요. 상머슴은 주된 일이 쟁기질인데, 농사 전반을 사실상 책임 맡는 역할입니다. 그리고 중머슴은 상머슴으로 진입하는 과정에서 여러 농사를 배우는 단계입니다. 깔땀살이는 주로 풀 베는 일, 소 먹이는 일, 집안 청소, 소죽 끓이는 일 등 소소한 일들을 많이 합니다. 물론 급에 따라서 새경도 차이가 납니다.

손석춘: 그러니까 선친께서는 머슴으로 자수성가를 하셔서 땅을 넓히고 머슴까지 두고 일을 하신 분이군요.

김덕종: 워낙 성실한 분이라서요. 그리고 아들들을 가르쳐야겠다는 의욕이 강했습니다. 당신처럼 못 배우면 자식들이 고생할 거라는 생각이 마음속에 늘 자리잡고 있었어요. 동네일에도 헌신적이었습니다. 동네 어려운 일이라면 항상 앞장섰으니까요. 말로 다 못합니다. 아주 헌신적인 분이었습니다. 동네 어르신들에게 한번 물어보세요. 땅만 파먹고 무식쟁이로 살아온 분이지만 주위 사람 모두에게 존경받으면서 사셨던 분입니다.

손석춘: 그런데 형님들은 다 대학을 다니셨는데, 회장님은 어떠셨어요?

김덕종: 저는 공부를 참 안 했습니다. (웃음) 공부가 싫었습니다. 내가 다녔던 초등학교가 거리로 4키로 정도 됩니다. 삼화초등학교입니다. 초등학교 다닐 때는 공부를 썩 잘하진 못했지만 못한다는 소리는 듣지 않았습니다. 그러나 공부를 열심히 해야겠다는 마음은 단 한 번도 가져본 기억이 없습니다.

손석춘: 김남주 시인도 그 학교 출신이죠?

김덕종: 물론입니다. 형은 공부를 잘했어요. 6년을 우등생으로 마치고 해남읍에 있는 해남중학교를 다니다 고등학교부터는 광주로 갔습니다. 저도 해남중학교를 다녔는데 고등학교는 가지 않았죠.

손석춘: 학교 공부가 싫었다는 말씀을 좀 더 나눠보고 싶은데요. 사실, 우리 학교교육에 문제가 참 많잖습니까?

김덕종: 어렸을 때야 학교교육이 어떤 문제가 있는지 알 수나 있었나요. 학교라면 그저 글씨 배우고, 더하기 빼기 가르치는 곳 정도로 생각했지요. 다만 선생들이 학생들에 대한 편애가 심했던 시절이었습니다. 공부 좀 한다는 애들에게는 더 잘 해주고, 못하는 애들은 늘 얻어맞고 그랬습니다. 남주 형은 공부를 잘해서 선생님들이 가끔 우리 집을 찾아와서는 아버지한테 아들 칭찬을 아끼지 않았습니다. 크면 훌륭한 사람이 될 거라는 말도 빼놓지 않았고요.
물론 아버지는 기분이 좋았겠지요. 선생님들에게 잘해주었답니다. 지금 생각해보면 어른들이나 선생님들은 늘 "공부해라, 공부해라, 공부해서 남 주냐, 다 니 거다"라고 닦달하다시피 했잖아요. 근데 사실 그런 말들은 잘못된 겁니다. 생각해보세요. 공부 잘해서 쌓은 지식을 공유해야지요. 아이 때부터 이기적으로 가르치고 키운 것 같아요. 그리고 아버지는 나한테 집안의 소소한 일들을 자주 시켰어요. 모내기 때는 모쟁이(모를 일꾼들에게 조달해주는 사람. 주로 아이들 일이었음), 추수 때는 볏단을 쌓는 데 갖다 주는 일 등 많았습니다. 바쁠 때는 비땅(불을 지필 때 쓰는 도구. 부지깽이)도 한몫한다는 여기(해남) 말이 있습니다. 열이면 열 손 다 거들어야 합니다. 시킬 수밖에 없었던 상황이었지요. 나뿐만이 아니고 어느 집이나 아이들의 손도 한몫했던 시절이었습니다.

손석춘: 머슴도 있었는데요?

    김덕종: 머슴 일은 따로 있습니다. 그런 잔일까지 머슴이 다 감당할
수가 없어요.

3 당신은 굶어도 소는 먹인 아버지

손석춘: 선친께서 부지런한 전형적인 조선의 농부셨군요.

김덕종: 아이고, 말도 못하게 부지런했어요. 오늘 이 일을 해야겠다면 눈이 오나 비바람이 치나 해놓고 맙니다. 일의 계획도 철저히 세웠지요. 꼭 해야 할 일은 어떤 경우에라도 반드시 처리한 분이었습니다. 당신이 못 배웠기 때문에 틈나는 대로, 아니 틈을 내서 글씨 공부도 열심히 하셨어요. 한문 공부로 읽는 데는 상당한 수준까지 올랐고요. 참 부지런하셨습니다. 하나 예를 들어볼까요? 아버지는 소를 어쩌면 자식들보다도 소중히 여겼습니다. 소가 여물을 잘 먹지 않으면 몹시 괴로워했어요. 소 먹이가 없으면 비바람이 몰아쳐도 들에 나가서 꼴(풀)을 베어 옵니다. 당신은 굶더라도 소는 굶기지 않았어요. 아까도 이야기했지만 아버지는 나이 들면서 낚시를 좋아했습니다. 전날 소가 먹을 풀을 준비해놓고 새벽 일찍이 낚시를 갑니다. 당시에는 소가 농사에 절대적으로 필요한 존재였습니다. 그래서 비싼 낙지도 소한테 먹이고 그랬잖아요. 놀랄 일이지만 뱀도 잡아 먹였어요.

손석춘: 투우에게 낙지 먹인다는 이야기는 들었습니다만, 소가 뱀도 먹을 수 있군요.

김덕종: 뱀 먹였어요. 낙지는 수시로 먹였고요. 모내기가 끝나면 소가 할 일이라는 게 밭갈이 정도로 많이 줄어들어요. 소위 수(콩류, 고구마, 수수, 조 등)를 들인다고 합니다. 그 일만 끝나면 소는 가을 말미에 보리갈이 정도 남고 거의 1년 쟁기질이 끝납니다. 여기서 아버지의 재밌는 일화가 있습니다. 소야, 인자 너도 좀 편하겠다. 소한테 이러면 소가 그런답디다. 저 건너 산 너머 때밭(산 언덕배기에 쇠스랑으로 일군 작은 밭)은 어떤 아들놈이 갈아주냐고. 사실 그 때밭이란 게 뿌리가

얽히고설킨 풀들이 많아서 쟁기질을 해도 힘이 몇 배로 들어갑니다. 소로서는 당연히 불만을 가질 수밖에요. (웃음)

손석춘: 아버님이 들려주신 '소 사랑' 이야기군요. (웃음) 농부답네요.

김덕종: 네, 소는 재산 목록 1호였습니다.

손석춘: 회장님 스스로 줄곧 농사를 지어오시면서 아버님에 대한 추억도 달라졌을 것 같아요.

김덕종: 물론입니다.

손석춘: 더 존경스러워진다든가. 어떠세요?

김덕종: 가장 존경스러운 것은 방금도 말씀드렸다시피, 아버지는 정말 자기 일이라면 하나도 빼놓지 않고 미루거나 하는 일 없이 철저하게 한다는 거. 그러고 또 하나는, 아버지가 머슴 출신으로 못 배우지 않았습니까. 낫 놓고 정말 기억자도 몰랐던 사람인데, 글자 하나 익히기 위해서 스스로 시간 나는 대로 공부를 합니다. 그래서 상당한 수준까지 올랐지요. 그렇게 노력을 하더라고요. 그런 면은 참으로 존경스럽습니다. 당신이 고생을 했기 때문에 자식들만큼은 고생 안 시키려고 했고요. 무엇보다도 자식들에 대한 기대가 하나둘 무너져 내렸지만 당신이 모아둔 모든 것을 바쳐 자식들에게 물질적으로 헌신했던 사람, 그런 아버지 세상에서 쉽게 찾아보기 어렵습니다.

손석춘: 그러면 막내가 공부 안 하려고 할 때 아버지가 공부하라고 다그쳤을 법한데요? (웃음)

김덕종: 그러죠. 그래서 저도 몇 번 시도도 해보고, 어쩌고 하다가

결국은 못했는데, 아버지는 다소 실망한 눈치더라고요. 그래서 '정
안 되면 요놈을 내 업을 이어받게 해야겠다' 그런 마음을 굳힐 때도
있었고, "덕종아, 너는 아버지랑 농사나 하자" 그러기도 하고요.

손석춘: 그런 말씀도 하셨군요.

> **김덕종**: 그렇게 농사일 좀 도우다가 군대 가고, 제대하고 나서 본격
> 적으로 농사를 하게 된 거죠. 사실 처음부터 농사를 해야겠다고 작
> 심한 건 아닙니다. 공부를 해야겠다는 생각도 해봤어요. 군대 가니까
> 공부 안 했던 것이 후회가 좀 되더라구요. 솔직히 군대 생활 같이 했
> 던 애들 보면 나보다 똑똑합디다. 그래서 더 후회하게 되고, 공부해
> 서 어디 전문대라도 갈 수 있으면 가고 싶었지요. 내가 제대할 무렵
> 에 아버지는 암으로 힘들어하실 때였습니다. 당시 아버지는 내가 농
> 사할 거라는 기대를 가졌습니다. 그럼에도 아버지한테 조심스럽게,
> 공부해서 전문대라도 가보겠다고 의논도 했습니다. 아버지도 흔쾌히
> 받아들였고요. 그랬는데 딱 한 달 만에 돌아가셨어요. 아버지가 돌아
> 가시고 나니까 내 뜻을 펼치려는 생각이 싹 달라지더라고요. 포기하
> 고 말았습니다. 그것이 지금의 납니다.

손석춘: 농사를 결심한 1979년 그해 아버님이 타계하지 않으셨다면
다시 공부를 하셨을 수도 있었겠네요.

> **김덕종**: 물론입니다. 조금만 더 오래 사셨어도…….

손석춘: 아버님이 세속적으로 기대가 컸던 둘째 아들이 경찰에 쫓기
면서 속이 좀 끓으셨을 듯합니다.

> **김덕종**: 아버지는 어떤 아버지보다도 화가 많았습니다. 큰 자식은
> 하는 사업마다 잘 안 되고, 가장 기대했던 둘째는 면서기라도 되기를

바랐는데 뭐 엉뚱한 길로 가서 감옥에 가고 경찰이나 불러들이고 하니 아버지는 정말 힘들었을 겁니다. 열불이 난다고 그러잖아요? 그런 심정이었을 겁니다. 그런데 다 포기합디다. 아버지는 힘들어도 힘들다는 말 한마디 못하고, 아파도 아프다는 말 하지 않았던 사람이었습니다. 아버지가 후두암이었는데, 내가 의학적으론 잘 모르지만 화병으로 온다는 설도 있다고 합디다. 아버지가 암으로 누워 계실 때 남주 형은 수배 중이었습니다. 임종 생각도 못했겠지요. 남주 형은.

손석춘: 하나 더 짚고 가죠. 학교가 재미없었던 이유는 뭔가요? 혹시 우리 교육제도의 문제를 느낀 건가요?

김덕종: 나는 전혀 그런 생각을 못했어요. 어쨌든 학교보다는 동네에서 아이들과 딱지치기, 구슬치기 하는 게 더 신이 나고 재미있었습니다. 학교에선 사실 맘껏 놀 수 없잖아요. 제약을 많이 받아요. 억압합니다. 아마 그런 게 싫었겠지요. 학교 가는 것을 즐거워하거나 좋아한 아이들은 없었던 것으로 기억합니다. 동네에서 아이들과 뛰어노는 것이 가장 재밌고 자유로웠어요. 또 가난한 집 애들이 부럽기도 했습니다. 그애들 집은 농사지을 땅도 없고 소를 키우지도 않았기 때문에 잡다한 일이 별로 없었어요. 내 눈에는 맨날 노는 거예요.

사실 우리 아이들 불쌍합니다. 학교에선 공부에 시달리고, 집에서는 공부해라 닦달하고, 학교 마치면 바로 학원 가야 되고. 도시락 두 개씩 싸 가지고 학교에 갔다가 학교 끝나면 바로 학원차에 실려 학원으로 간답니다. 애들한테는 지옥으로 가는 것 아닙니까?

손석춘: 해남중학교를 졸업할 때 고등학교 진학은 왜 않겠다고 결심했는지요.

김덕종: 글쎄 뭐. 그건 다른 이유가 없었던 거 같아요. 하기 싫었던 거 말고는. 놀고 싶어서였죠. 공부를 잘해서 훌륭한 사람이 되겠다는

그런 욕심은 손톱만큼도 하지 않았어요. 집사람 말로는 먹고살 만했으니까 그랬을 거라고 합디다.

손석춘: 그런데 상식적으로 생각하면 농사짓는 게 싫어서라도 학교에 갈 것 같은데요.

　　　　김덕종: 나는 여기서 노는 거 생각했지 농사짓는 거 싫다는 생각은 못해봤어요. 특별히 학교 가기 싫었던 것도 없었고, 같이 학교 다녔던 친구들이 싫었던 것도 아니고요. 그러나 뭔가 있었겠지요. 당시 내 짧은 생각으로는 느낄 수 있는 것이 없었고, 다만 시키는 것, 억압에서 벗어나 동네에서 아이들과 놀고 싶은 생각뿐이었습니다. 맘껏 놀지 못하고 제약을 받은 것이 가장 큰 요인이었던 것 같아요. 느끼진 못했지만 뭔가 그런 요인들이 심리적으로 작용했을 것이다, 그런 마음도 들고요. 나의 문제도 있겠지만 외적 요인도 있다, 이렇게 봐지더라고요.

손석춘: 결국 진학하지 않으면서 이래저래 농사는 그때부터 익혀갔겠어요.

　　　　김덕종: 조금조금씩 거들었죠. 중심이 돼서 했던 것은 재대한 후입니다. 물론 그때는 토지가 많이 줄고 얼마 남지 않았지만.

손석춘: 제대 후 1979년부터 지금까지 35년 내내 농사를 지어오신 거네요.

　　　　김덕종: 네.

손석춘: 시인인 작은형이 남민전 투사로 활동하던 바로 그 시기에 농사를 전업으로 선택하신 거군요. 어머니에 대한 추억은 어떠세요?

김덕종: 어머니는 아까도 말씀드렸듯이 부잣집 외동딸이었지 않습니까. 아무래도 호강하고 자랐겠죠.

손석춘: 농사일을 많이 안 하셨나요?

김덕종: 남들 어머니에 비하면 일을 거의 안 했습니다. 밭일에다 밥하고 빨래하는 집안일 정도였습니다. 품팔이, 품앗이 이런 일들은 전혀 안 했습니다. 내가 어렸을 때 외할머니, 외삼촌이 가끔 집에 왔어요. 그때마다 외할머니는 아버지한테 딸 고생시키지 말라고 당부하고는 집 안 구석구석 다니면서 청소를 해요. 외동딸을 위해서죠. 나는 외할머니를 무척 좋아했어요. 항시 사탕을 사 오니까요. 외삼촌은 모시 도포 걸치고 거나하게 취해 가지고 와서는 아버지에게 누님 편하게 해달라고 늘 충고하듯 말합디다. 마치 옛날 머슴 때 했던 것처럼 말입니다.

시인 김남주 "너, 내 동생답다"

손석춘: 1979년 본격적으로 농사짓기 전에, 그러니까 군대 가기 전에 형(김남주 시인) 때문에 끌려가서 고초를 당한 적이 있다고 들었는데요?

김덕종: 73년 3월 27일입니다.

손석춘: 날짜까지 기억하시는군요. 그때 이야기를 좀 들려주시죠. 그때 스무 살이었죠?

김덕종: 이른바 '함성'지 사건입니다. 당시는 박정희가 10월 유신을 선포하고, 본격적인 독재 체제로 접어드는 정세였습니다. 소위 말해서 유신 독재에 저항한 사건인데, 그것도 그 암울한 시대에 전국에서 최초로 일으킨 반유신·반독재 투쟁입니다. 남주 형과 죽마고우라고 하는 이강 형이 주축이 돼 일을 벌였습니다. 10월 유신을 비판하는 전단인 '함성'지를 제작해서 광주에 있는 몇 개 고등학교와 대학교에 뿌렸는데 별 반응이 없었습니다. 그래서 다시 제작한 유인물이 '고발'지입니다. 전국 대학교에 뿌릴 계획을 세우고 형은 서울 친구 자취방에 잠시 지냈고, 이강 형이 제작한 '고발'지를 화물로 형한테 부치다가 꼬리를 잡힌 사건입니다. 유인물 제작은 등사 기구를 사다가 했답니다. 그중 남은 것을 500매가량 집에 가져왔는데, 당시에는 담기 어려울 정도의 과격한 내용이 들어 있었어요. 사랑방에서 형과 같이 자면서 유인물 내용에 대해 설명을 들었습니다. 형은 무척 들떠 있었습니다. "내가 이러한 일을 한 사람이다. 형이 대단하지 않으냐"는 등 스스로를 자랑스럽게 이야기합디다. 그런 다음 유인물이 한 장이라도 들키면 큰일이 날 거라면서 한 장만 기념으로 감춰두고 아침

에 소여물 쑤러 갈 때 태워버리라고 했어요.

이 건으로 광주에 있는 대공분실에 끌려갔습니다. 무시무시합니다. 대공분실에 들어서자 분실장이 나를 기다리고 있었다는 듯이 쳐다보더니 "니가 김남주 동생이냐?"고 묻습디다. 그리고 '함성'지 전단을 어디에 감췄냐고 묻길래 모른다고 하니까 "이런 미꾸라지 같은 새끼, 새끼 간첩" 하면서 나를 잡아온 형사한테 고개를 까딱하더라고요. 취조실로 끌고 가서 패라는 눈치였죠. 어두컴컴한 방으로 끌려가 형사한테 본격적으로 취조를 당했습니다. 그 상황에서 심한 고문을 당했어요. 고문의 형태는 두 가지입니다. 하나는 원산폭격인데, 머리를 시멘트 바닥에 박게 하고 구둣발로 등을 가격하는 겁니다. 가격하는 순간 앞으로 엎어져 이마와 머리에 상처를 입었어요. 또 하나는 시멘트 바닥에 열 손가락을 펴게 하고 망치로 손톱을 찍는 건데, 짜릿짜릿하니 매우 신경질적으로 아파요. 나중에 손톱이 빠지기도 하고 피멍이 들어 한 달가량 고생했습니다.

그 공포는 지금도 기억하고 싶지 않습니다. 내게 밝혀내려고 했던 것은 '함성'지라는 유인물을 찾는 것이었습니다. 형은 조사 과정에서 동생한테 시켜서 불태웠다고 진술했고, 나는 끝까지 모른다고 했으니 형이 나 때문에 당한 고문이 오죽했겠습니까? 나도 마찬가지였고요. 뒤에 생각해보니 내가 멍청했더라고요. 사실대로 불었으면 둘다 덜 당했을텐데…….

손석춘: 그러네요. 형에 대한 걱정으로 모른다고 한 게 더 혹독한 고문을 불러온 셈이군요.

김덕종: 뭐 그런 거 있잖아요. 조사받을 때는 일단 부인하고 본다고. 내가 멍청해서 형이 더 당한 거지요.

손석춘: 멍청한 건 아니지요. 고문이 계속 이어졌나요?

김덕종: 한 두 시간 이상 원산폭격을 시키면서 자기는 의자에 앉아서 구두 뒤꿈치로 등을 내리쳐요. 그때마다 엎어지면서 이마가 까지고 그랬죠.

손석춘: 끝까지 불태운 적 없다고 하셨어요?

김덕종: 네. 사실대로 말하면 형이 더 고초를 당할 거라고 생각했죠. 망치로 열 손가락을 치면서 "이래봬도 우리도 동정심은 있다. 솔직히 불어라, 이 답답한 새끼야. 형 더 고문받게 하려고 그러냐? 빨리 불어야 형이 더 편해진다 새끼야" 그러더라고요. 그래서 정말 그런 건가 아닌 건가 곰곰이 생각하다가 '아닐 것이다. 요놈들이' 하고는 마음속으로 '절대로 말하지 않을 것이다'라며 버텼죠. 그다음 날까지 갔어요. 그렇게 해도 안 되니까 "니 형 면회할래?" 그러더라고요. 면회를 시켜준다니 좀 좋습니까. "면회하겠습니다" 했죠. 면회하면 나는 터진 공간에서 할 줄 알았어요. 근데 방문을 요만큼, 눈만 쪼끔 보이는(웃음) 정도였습니다. 알고 보니 그게 대질심문이었드만요. 형은 묻고, 나는 대답하고. 거기서도 또 그런 사실이 없다고 해버린 거예요. 그러니까 바로 끌고 가대요. 취조실로. 그래 또 혹독한 고문을 당하고. "참 답답하다 이 새끼. 왜 그러냐. 제발 니 형 좀 편하게 해라. 너 불어라, 별거 아니니까." 그래서 '정말 그런가?' 생각해보다가 그럴 수도 있겠다는 판단이 서서 "사실입니다" 했더니, "진즉 그렇게 말했으면 너 그 고생 안 했다" 하기에 나도 후회를 많이 했죠. 그 사건으로 나는 불구속됐습니다. 그게 이른바 '함성'지 사건이죠.

손석춘: 그때가 스무 살이었는데, 그런 일을 당하면서 체제라든가 권력에 대한 비판의식이 솟아올랐을 듯합니다.

김덕종: 그랬죠. 나는 불구속 처리되고 집에 왔어요. 아버지는 그때까지 잠도 못 자고 사랑방에서 식구들과 나 오기만을 기다렸다고 합

디다. '이놈까지 잡아갔는데 어떻게 됐을까' 궁금한데 소식은 감감하고. 아버지가 걱정 많이 했어요.

손석춘: 그 사건을 계기로 세상을 다시 보게 되었겠군요.

김덕종: 그때부터 나한테도 저항심이 더 생기더라고요. 그전에도 형은 세상 돌아가는 이야기를 자주 해줬어요. 농민들이 못사는 이유, 갑오농민전쟁 이야기, 이런저런 세상과 관련된 이야기를 조금씩 해주었지요. 당하고 나니까 저항의식도 더 생깁디다.

손석춘: 동네에서 아버지에게 막말을 한 면서기인가요? 회장님께서 대들었다는 이야기를 들었는데, 좀 자세히 들려주시죠. 언제 때에요?

김덕종: 박정희 정권 때입니다. 추심경이라고 하는데, 소위 강제 농정이죠. 수확을 끝낸 논을 겨울에 갈아놓는 건데, 이 일을 행정이 해마다 강제적으로 시킵니다. 특히 큰 도로변에 있는 논은 다 갈아야합니다. 도로에서 멀리 떨어져 있는 논은 거들떠보지도 않아요. 근데 그렇게 강제적으로 안 시켜도 농민들 스스로 알아서 다 합니다. 자기 논 토질을 더 잘 아니까 알아서 합니다. 즉, 추심경해야 할 논과 안 해야 할 논이 있는 거지요. 75년 겨울일 겁니다. 추수가 끝나면 부거지들여요. 부거지란 여기 말로 지푸라기에 조금씩 섞여나가는 것을 말합니다. 바람에 날려서 낟알을 가려내는 작업인데, 타작이 완전히 마무리된 다음에 하는 일입니다. 아버지와 텃밭에서 그 일을 하고 있는데 면서기가 오더라고요. 와 가지고는 다짜고짜 "왜 추심경을 하라고 했는데 안 하느냐"고 아버지한테 막 따져요. 가만히 보니까 말투가 어른한테 건방지더라고요. 그래도 참았는데 갈수록 심해집디다. 아버지가 고분고분하게 이야기하니까, "영감탱이가 정말 말을 안 듣는다"고 그래요. 당시만 해도 면서기들이 큰소리치는 세상 아니었습

니까. 듣다 보니까 영 기분이 나쁘더라고요. 그래서 멱살을 잡고 한
대 갈겼죠.

손석춘: 면서기가 몇 살 정도 됐어요?

김덕종: 나보다 열댓 살 더 많았어요. 큰형과 초등학교 동창이었다
고 그럽디다. 나중에 알았지요.

손석춘: 실제로 주먹으로 갈기셨어요?

김덕종: 네. "이 새끼, 어디 어른한테 함부로 하는 거야" 하면서 한
대 쥐어박았습니다. 그러고는 옆에 마침 삽이 있어서 들고 내리찍으
려고 하는 순간, '걸음아 나 살려라' 하고 부리나케 도망치더구만
요. 그러고 나서 한참 있다가 면장이 아버지를 만나러 왔어요. 마루
에 앉아 두 사람이 이야기를 하는데 면장이 내 눈치를 살피며 경계
하는 것 같았어요. 혹여라도 따지고 덤벼들지 않을까 하는 표정이 역
력하더라고요. 그때 형이 나를 한쪽으로 데리고 가더니 "덕종아, 너
는 역시 내 동생답다"고 하면서 격려를 해줍디다. 기분이 좋았어요.

손석춘: 아버님은 뭐라고 그러셨어요?

김덕종: 그러지 말라고 타이르죠. 늘 그렇게 말했던 분입니다.

손석춘: 어렸을 때부터 싸움 잘했어요?

김덕종: 아니요. 쌈은 못했어요. 정말 애들하고 싸우면 항시 졌지 이
기든 못했습니다.

손석춘: 잘하셨을 것 같은데요? (웃음)

김덕종: 정말 못했어요. 싸움이 날라치면 피하기도 하고.

손석춘: 필요한 싸움만 잘하셨군요. (웃음) 그런데 김남주 시 중에 왜 「아우를 위하여」 있잖아요. 실제로 형한테 시처럼 이야기한 적이 있으세요?

김덕종: 그건 시인의 표현이고, 직접 그렇게 말한 적은 없었던 거 같아요.

손석춘: 형님에게 그런 말 한 적 없었어요? "허구한 날 방구석에 처박혀 알량한 글이나 나부랑거려"라는 말?

김덕종: 내가 그런 불만을 표현한 적은 없어요. 시인이 상상으로 쓴 거라고 봅니다. 난 사실 형님의 '꼬봉'이었어요. 그야말로.

손석춘: 하하, '꼬봉'요? 아무튼 말씀 들어보면 큰형보다 작은형을 훨씬 좋아했던 거 같아요.

김덕종: 그랬어요.

손석춘: 큰형하고는 몇 년 차이예요?

김덕종: 열다섯 살 차이입니다. 고등학교, 대학교를 광주에서 다녔기 때문에 같이 생활을 해본 적이 거의 없어요. 남주 형은 나를 잘 써먹었지만요.

손석춘: 아우를 어떻게 써먹었어요? (웃음)

김덕종: 모든 심부름은 다 시켰어요. (웃음) 형 밤참으로 두부 사러 가

「아우를 위하여」

없는 놈은 농자금도 못 타 쓴다더냐
있는 놈만 솔솔 빼주기냐
조합장 멱살을 거머쥐고
면상을 후려치던 아우야

식구마다 논밭 팔아
대학까지 갈쳐논께
들쑥날쑥 경찰이나 불러들이고
허구한 날 방구석에 처박혀
그 알량한 글이나 나부랑거리면
뭣한디요 뭣한디요 뭣한디요
터져 분통이 터져 집에까지 돌아와
내 얄팍한 귀창을 찢었던 아우야
내 사랑하는 아우야

오늘밤과 같이
눈앞이 캄캄한 밤에는
시라도 써야겠다
쌓이고 맺힌 서러움
주먹으로 터지는 네 분노를 위하여
고이고 고인 답답함
가슴으로 터지는 네 사랑을 위하여
차마 바로는 보지 못하고
밥상 너머로 훔쳐보아야만 했던
네 눈 속 네 얼굴을 위하여
시라도 써야겠다
그 알량한 시라도 써야겠다
오늘밤과 같이
눈앞이 아찔한 밤에는

고. 그것도 내 돈으로 말이죠. 소죽불에 고구마 구워서 갖다 주고. 심부름도 심부름이지만 내가 형한테 용돈도 자주 줬어요. 돈 없다고 말하면 "한강에 물이 마르면 말랐지 니 호주머니에 돈이 없을 수 있냐"고 말하곤 했어요.

손석춘: 그런데 밤중에 멀리 두부 사러 가면서 형이 원망스럽지는 않았어요?

김덕종: 글쎄, 전혀요. 원망스럽다는 생각은 안 들었어요. 형이 시키는 일이라면, 뭐 한밤중에 해남읍까지도 갔다 올 정도로 충성스러웠던 거 같아요.

손석춘: 왜 그렇게 형을 좋아했어요?

김덕종: 내가 맨 처음 아이스께끼를 맛본 것이 형 덕분입니다. 형이 중학교 다닐 때 해남 읍내를 구경시켜준 적이 있습니다. 그때 아이스께끼를 몇 개 사주더라구요. 정말 맛있었습니다. 이름만 들었지 시골 사는 아이들은 구경도 못했던 시절이었습니다. 나에게는 감동 그 자체였지요. 또 연 만들어서 날려주고, 구슬치기 딱지치기 하면 몽땅 따서 나한테 주고. 어렸을 때는 그보다 재미나는 일 있겠어요? 그런 환경에서 자라면 자연히 꼬봉이 되는 거지요. (웃음) 세상일에도 그런 경우가 적지 않을 거예요. 어떤 물질로 하여금 사람을 부려먹고 종속시키는 거. 물론 형하고 나하고는 주종관계는 아니지만, 어쨌든 그런 이유 말고 특별히 형을 좋아할 일이 있었는가 하는 생각이 들어요. 그리고 형은 공부를 잘했잖아요. 집에서는 형을 좀 띄워줬겠지요. 어머니는 형에 대한 편애가 좀 심했고요. 그런 데서 아마 나도 형에 대해 무의식적인 존경심이랄까, 형의 말이라면 무조건 수용해야 된다. 이런 마음이 자연스럽게 심어지지 않았나 하는 생각도 들어요. 하나 더 있다면, 형은 말로 사람을 끌게 하는 기술이 좀 있었던 거 같아요.

나도 거기 많이 넘어가고 당하지 않았을까 싶네요. (웃음)

손석춘: 공부 때문에 편애가 있었군요.

　　김덕종: 덕종이는 말도 잘 안 듣고, 남주는 공부도 잘하고 그러니까 편애가 상당했어요. 그건 나만 느낀 게 아니라 우리 가족 모두가 똑같이 갖고 있는 생각이에요. 닭이 알을 낳아도 형님 올 때까지 어디 독 안에다가 숨겨놨다가 형님 오면 주고 굉장히 편애했어요.

손석춘: 그러면 동생으로선 부모님한테 편애받는 형이 싫었을 거 같은데요? (웃음)

　　김덕종: 맞아요. 반발했어야 했어요. 형에 비하면 사실 나는 피해자이기도 합니다. 일반적으로 보통 아이들은 싫어하고 그럽디다만, 나는 달랐습니다. 어렸을 때 받았던 물질(아이스께끼, 구슬, 딱지)에 내가 많이 넘어가지 않았을까요?

손석춘: 공부 잘하면 그런 거 잘 못할 것 같은데, 김남주 시인은 잘했군요.

　　김덕종: 그래요. 공부 잘하는 애들 보면 공부 말고는 다른 거 잘 모르고 또 못합니다. 친구들과도 잘 어울리지 않아요. 그러나 특별한 경우는 있는 것 같아요. 형이 그런 사람이지 않았나 그런 생각이 듭니다.

손석춘: 그 형에게 '내 동생답다'는 말을 들었을 때 어떤 마음이었을지 짐작됩니다. (웃음)

44

5 남주 형이 들려준 '진정한 농사꾼'

손석춘: 아무튼 제대할 때가 삶에서 중요한 갈림길이었던 거 같은데요. 아버님이 돌아가시지 않았더라면 공부를 하셨을 테고, 그럼 '농부의 길'을 걷지 않았을 수도 있었겠네요?

김덕종: 그렇게 볼 수도 있겠습니다.

손석춘: 어떤 공부 하고 싶었어요?

김덕종: 무슨 공부를 해야겠다고 딱히 정해놓은 건 없고 전문대라도 가야겠다는 생각이었습니다. 지금 생각해보면 내 적성은 사실 공부는 아닙니다. 아마 전문대 갔어도 마치지 못하고 중도에 포기했을 겁니다. 그리고 다시 땅으로 돌아오지 않았을까 그런 생각도 해봅니다.

손석춘: 그러셨을 수도 있겠네요. 그런데 아버님이 돌아가실 때 "남주야, 남주야" 그러고 돌아가셨다면서요?

김덕종: 네. 수배 때문에 오랫동안 아들을 못 보셨잖아요. 누구보다도 형이 그리웠고 보고 싶었을 겁니다.

손석춘: 임종을 지킨 것은 아들로서는 회장님뿐이네요. 회장님께는 뭐라 하셨어요?

김덕종: 특별히 없었습니다. 서울에 치료차 잠깐 큰형님 댁에 계시다 상태가 악화되니까 급하게 시골로 내려오셨거든요. 정신이 혼미해서 자식들에게 충분히 충고할 수 없는 상태였습니다. 참, 이런 이야기 하니까 생각이 납니다. '함성'지 사건으로 감옥에 갔다 온 이후로 아버

지와 형이 이야기를 나눈 적이 있었어요. 나도 옆에 쭈구리고 앉아 있었고요. 제법 진지한 자리였습니다. 아버지가 형한테 "대나무처럼 좀 살아라" 그러더라고요. 집 뒤안이 온통 대밭이었는데 늘 보니 대나무도 바람 부는 대로 쏠리거든요. 이를테면 세상 쏠리는 대로 살라는 당부의 말이었죠. 부딪치지 말고, 비겁해도 강자의 편에 편승하라는 이야기였어요.

그런데 형이 그 말을 듣고 자신의 신념을 확실히 이야기하더라고요. "아버지, 사람이 가는 길에는 세 갈래의 길이 있는 것 같습니다. 억압과 착취하는 사람인 지배자 편에 서서 사는 사람, 그것에 저항하는 사람, 그리고 이것도 저것도 아닌 엉거주춤한 자세로 살아가는 사람이 있습니다"라고 말하면서 형은 두 번째 길을 선택했다고 이야기를 했어요. 그때부터 아버지는 형 말에 동의해준 것은 아니고 형에 대한 기대를 접은 것이 아닌가 하는 생각이 들었습니다. 아버지로서는 감당하기 어려운 또 하나의 시름이 생긴 것이죠.

손석춘: 그러면서도 한편으로는 자랑스러워하시지 않았을까요?

김덕종: 저는 좋았습니다. 아버지도 세상 부당하다는 것을 잘 알고 있었습니다만, 조금은 허탈해하셨겠지요.

손석춘: 그런데 자료를 보면 김남주 시인도 한때 학교를 그만두고 농사짓겠다고 말한 적이 있던데요?

김덕종: 고등학교 자퇴하고 집에서 여름 한 철을 보낸 적이 있습니다. 그때 농사 이야기를 잠깐 비쳤지요. 무슨 생각으로 그랬는지는 모르겠어요. 나중에 들은 이야기지만, 아버지한테 좀 혼났습니다. 광주로 빨리 보내야겠다고 했던 기억이 나요. 조금씩 농사를 돕기도 했지만 농사가 보통 일이간디요.

손석춘: 그때 광주서 학교 그만두고 해남 집으로 왔다고 하던데요.

김덕종: 잠깐 지내다가 어떻게 마음을 바꿨는지 다시 광주로 올라가서 검정고시 준비했습니다.

손석춘: 실제로 농사짓고 싶었던 마음이 있었나요, 김남주 시인에게?

김덕종: 있었어요. 내가 봤을 때도. 농사를 배울려고도 하고, 일꾼들하고 같이 여름에 농약 치러도 가고요. 다른 일들도 했습니다.

손석춘: 시인 이전에 농부의 길을 걸었을 수도 있었겠군요. 선친 돌아가실 때 형은 수배 중이라 못 왔었죠? 그리고 곧이어 남민전 사건이 터지잖아요.

김덕종: 그렇습니다. 그해 10월이죠.

손석춘: 그때 심정 어땠어요?

김덕종: 아, 드디어 일 쳤구나 이 사람이, 그랬죠. (웃음) 나는 형이 수배된 이후로 형님 찾기 위해서 여기저기 많이 다녔습니다. 광주에서 녹두서점을 경영했던 김상윤 선생, 거기도 들리고. 형 친구들, 형하고 친했던 사람들 다 찾아다니면서 형 찾기 위해 무진장 노력했죠. 그 해맑은 모습이 그립고 보고 싶었습니다.

손석춘: 형이 드디어 일을 쳤다고 생각할 때 느낌은 어떠셨어요? 어떤 자랑스러움, 선망? 그런 것은 아니었나요?

김덕종: 라디오를 통해서 먼저 사건을 알았어요. 그리고 더 자세히

알아보기 위해 신문을 구해서 보고 사건 전모를 알게 됐지요. 이른바 '남조선민족해방전선'이란 으시시한 간첩단 사건으로 대대적으로 발표가 됐습니다. 몸이 떨리고, 어쩔 줄 몰랐어요. 우선 사건의 내막을 파악하는 데 급급했지요. 살아서 나오기는 쉽지 않겠구나 하는 생각이 머릿속에 가득했습니다.

손석춘: 남민전 사건 터지고 며칠 있다가 박정희가 죽잖아요?

김덕종: 10월 27일 아침에 라디오를 켜니까 그 소식이 나옵디다.

손석춘: 그땐 어땠어요?

김덕종: 먼저, 형이 어떤 영향을 받을 것인가 하는 생각이 듭디다. 혹여라도 박정희가 죽어서 정권이 바뀌고 정말로 민주정부가 들어서면 상황이 바뀔 수도 있지 않을까 하는 생각이 들었어요. 형은 참 천진무구한 사람인데, 더 보고 싶어 죽을 지경이었지요.

손석춘: 면회는 언제 처음 갔어요?

김덕종: 면회는 절대 못했어요. 법원에서 잠깐잠깐 보다가 1심이 확정되고 나서부터 면회를 했지요. 아마 80년 초에 서울 서대문구치소에서 접견을 했던 것으로 기억합니다.

손석춘: 언제 이감되었나요? 광주교도소로.

김덕종: 자세히 모르겠는데, 80년 2월인가 3월인가 됐을 거예요.

손석춘: 광주항쟁 일어났을 때, 형이 광주교도소에 있었던 거죠?

김덕종: 네, 광주교도소에 있었죠. 그래서 형님이 광주 5월 관련한 시들도 쓰고 그랬습니다.

손석춘: 항쟁이 일어날 때 광주교도소에서 소식을 접한 거군요. 당시 회장님은 여기서 농사짓고 계셨던 거죠?

김덕종: 그랬습니다.

손석춘: 어떠셨어요, 그때?

김덕종: 나도 좀 비겁했다, 그런 생각을 많이 했어요.

손석춘: 그 시대 사람들이 다 그렇게 생각했죠.

김덕종: 많은 사람들이 지금도 죄의식을 갖고 살아가고 있습니다. 개인적으로는 농민운동을 열심히 해서 하루빨리 새 세상을 만들어야겠다는 포부를 다지기도 했습니다. 그리고 운동에 필요한 필수 과정으로 단기 교육(기초 교육)부터 시작해서 간부 교육에 이르기까지 열심히 뛰어다녔지요.

손석춘: 그때가 언제인가요? 농민운동에 나서는 출발점이었던 거죠?

김덕종: 80년대 초입니다. 그때 농민운동 하는 선배들 자주 만나고, 농민운동에 관한 이야기들 많이 들었습니다.

손석춘: 회장님이 농민운동 하는 분들을 찾아가셨나요, 그분들이 접촉해왔나요?

김덕종: 찾아갔죠.

손석춘: 스스로 찾아간 이유는 뭔가요?

김덕종: 농민운동에 관한 이야기들을 듣고 싶었고, 배우고 싶었던 거죠. 다른 이야기지만 형한테 갑오농민전쟁에 관한 이야기를 자주 듣기도 했습니다. 또 진정한 농사꾼, 훌륭한 농사꾼이 어떤 농사꾼인 지에 대해서도 형과 대화를 나누기도 했습니다. 형은 열심히 땀 흘리 고 땅을 가꾸는 농사꾼이야말로 더 말할 나위 없이 훌륭한 농사꾼이 라고 말했어요. 나는 땀흘려 일하는 농사꾼들이 왜 못 사는가, 어떤 문제가 있는가를 근본적으로 살펴보고 싶었어요. 그래서 농민운동 을 체계적으로 배우기 위해 많은 사람들을 찾아다녔습니다.

손석춘: 그 이야기를 언제 들었어요?

김덕종: 70년대 중반입니다. 그때만 해도 형은 농촌에 내려와 살아 보겠다고도 하고, 실제로 내려와서 저하고 같이 농사도 조금씩 했습 니다. 그때 많은 이야기를 들려줬고 나누기도 했지요.

손석춘: 그럼 김남주 시인의 의식화 1호는 아우이군요? (웃음)

김덕종: 그렇습니다.

손석춘: 갑오농민전쟁에 대해서 김남주 시인이 어떻게 설명을 해주 던가요?

김덕종: 형은 갑오농민전쟁에 대해서도 관심이 많았어요. 전봉준 생 가도 가보고 황토현에도 가끔 가보곤 했습니다. 형은 구구하게 설명 하지 않습니다. 간단하게 압축시켜서 쉽게 말을 하려고 애를 썼어요.

그리고 일방적으로 가르치려고도 하지 않습니다. 당시의 사회적 배경, 양반계급과 상놈계급 사이의 갈등 등을 간략히 알려주고선 "너 같으면 그런 상황에서 어떤 태도를 취해야 한다고 보냐?" 이런 식입니다. 묘하게 사람을 궁지에 모는가 하면, 상당히 매력적인 구석이 있어요. 늘 묻는 식입니다. 이를테면 "관이 농민들에게 부당하게 수세를 많이 거두는데 너는 어떻게 하겠냐?"라든가 "관의 횡포로 농민들을 수탈하고 못살게 구는데 전봉준 장군이 농민을 구하기 위해 관의 못된 횡포와 맞서 싸운 부분에 대해 어떻게 보냐?"는 식으로 이야기를 합니다. 어렵고 구구하게 말을 하는 사람이 아녀요. 광주·전남권에서 형을 잘 아는 사람들은 똑같이 그렇게 말합디다. "남주의 말은 간단명료하고 그 속에 뼈가 있다"고요.

6 변혁의 길, 농부의 길

손석춘: 김남주 시인이 아우에게 가르쳐준 진정한 농사꾼, 그 이야기는 지금도 옳지 않습니까?

김덕종: 맞습니다.

손석춘: 형이 해남농민회를 만들었죠?

김덕종: 사실은 해남농민회를 만든 건 아니에요.

손석춘: 그런가요?

김덕종: 그건 사실이 아니고 잘못 알려진 겁니다. 정정해야 되고요. 형은 농민운동가를 발굴하고 양성하는 활동을 했습니다. 실제로 지역의 많은 사람들이 형과 만났습니다. 대표적으로 보면 농민운동의 지도자이자 대부인 정광훈 선생, 『서울로 간 허수아비』를 쓴 동화작가 윤기현 선생 등이 있습니다. 그분들과 지역 활동을 하면서 쿠바의 혁명 지도자 체 게바라 책을 구입해서 읽도록 하고 토론도 하고 그랬답니다. 해남농민회의 그런 활동이 마침내 해남군농민회를 결성하게 된 주춧돌이 되었겠지요.

손석춘: 그럼 해남군농민회는 언제 출범한 건가요?

김덕종: 해남군농민회 창립은 1990년 9월 1일입니다. 그전에는 지역에 몇 개의 농민 단체가 있었지요. 기독교농민회 면협의회, YMCA 농어민회, 자생적 농민회 등이 존재했습니다. 당시만 해도 세 농민 단체는 농민운동가 양성과 조직 확대가 중심이었습니다. 농민 교육

사업을 통해 운동가의 자질을 키우고, 수세 투쟁, 농협민주화 투쟁 등 농업 악법 개정 투쟁을 했습니다. 그러다가 수세 투쟁을 기점으로 해남군농민회 단일 조직이 건설된 겁니다.

손석춘: 회장님이 농사짓기 시작하면서 찾아가서 만난 농민운동가들은 지금 뭘 하시나요?

김덕종: 전농 의장이었던 정광훈 선생은 이미 세상을 떠났고요. 윤기현 선생 등 고향을 떠난 분들도 많습니다. 물론 남아 있는 분들도 계십니다. 지금도 함께 활동하고 있어요.

손석춘: 그때 교육 받은 것 중에서 기억나는 게 어떤 게 있어요? 가장 인상 깊었던 대목이랄까.

김덕종: 교육은 수차례 받았습니다. 강의, 토의, 강의, 토의, 계속됩니다. 운동권 교육은 일반 농사 교육이나 정부가 주도하는 교육과는 다릅니다. 프로그램, 진행 방법 등이 확실히 달라요. 다 생소한 것들입니다. 마지막 날은 촛불 의식까지 합니다. 3분 발언을 통해 교육 받은 소감과 자기 다짐의 발언까지 합니다. 대체적으로 딱딱한 분위기죠. 물론 회식 자리가 있어서 교육생들과 술 한잔 나누기도 하지만 그 시간도 대개 복잡합니다. 아, 여기서 기억나는 일이 하나 있네요. 기독교농민회에서 81년도 겨울에 해남에서 교육을 준비한 적이 있습니다. 1박 2일 교육이었습니다. 당시에는 교회를 빌릴 수밖에 없었습니다. 무서운 세상이라 누가 장소를 빌려주지 않아요. 정광훈 의장과 내가 책임지고 교육생을 모집했는데, 이리 뛰고 저리 뛰고 하면서 간신히 20여 명을 모집했습니다. 교육 날짜가 돼서 먹을 거며 교육에 필요한 자료며 필기도구까지 챙겨서 교육장(교회)으로 갔는데, 시간이 다 됐는데도 교육생이 한 명도 안 옵니다. 한참 만에 딱 한 사람 오더라고요. 그 사람이 또 내 친구였어요. 친구한테 참 미안하더구만

요. 사정 얘기를 다 했죠. 교육을 할 수가 없었어요. 모든 걸 다 접고 돌아오는 길에 세찬 눈보라가 치더라고요. 교육은 일차 교육, 이차 교육, 간부 교육까지 단계적으로 진행을 합니다. 저도 간부 교육까지 받았습니다만 간부 활동을 제대로 못하고 있습니다. 일차 교육을 받은 사람은 장터에 데리고 가서 선전전을 하는데, 유인물을 사람들에게 나눠주는 겁니다.

손석춘: 일부러 나눠주게 하는 거죠?

김덕종: 물론입니다. 그 과정이 훈련의 한 단계이기 때문입니다. 처음엔 얼른 못 나눠줍니다. 그러다 옆의 동지가 아무 거리낌 없이 하는 걸 보고 본인도 적극적으로 참여합니다. 이런 과정을 거친 다음 시위 현장에 같이 갑니다. 처음엔 무서워서 절대 참여를 못합니다. 그러다 미안한 생각 때문에 조금은 덜 익숙한 행동으로 참여합니다. 그렇게 운동가 한 사람 한 사람 성장하는 과정이 쉽지만은 않습니다. 어떤 사람은 몰래 도망간 경우도 있습니다. 아무한테 말도 않고 말이죠.

손석춘: 회장님은 농사짓기 시작하면서 사실상 농민운동 길에 들어선 거네요. 아까 80년 5월에 비겁했다고 하셨는데 특별한 일이 있었나요?

김덕종 : 참 비겁했지요. 79년부터 본격적으로 농민운동을 시작하고 80년을 맞이했는데, 80년 5월 17일이 마침 광주에 있는 북동 성당에서 농민 집회 계획이 잡혔던 날입니다. 나도 참석하기로 이미 약속해놓은 터였습니다. 그런데 아침 일찍 같이 가기로 한 사람한테서 연락이 왔어요. 계엄령이 전국으로 확대 선포되어 집회를 할 수 없게 됐다고 말입니다. 그때 미리 가 있던 사람들은 거기 있었고, 나는 가는 걸 포기했지요. 소위 시위대들이 해남까지도 오고 그랬잖습니까. 완도로 빠져나가고, 진도로 빠져나가고 그랬습니다. 하도 궁금해서

자전거 타고 읍내로 나가봤습니다. 그때는 조용했습니다. 미안한 생각이 많이 듭디다. 비겁했던 거죠.

손석춘: 비겁한 것은 아니잖아요? 일부러 피한 게 아니니까요.

김덕종: 그들과 함께하지 못한 마음이 아팠던 거지요.

손석춘: 그래서 항쟁이 끝나고 농민운동에 더 열정을 쏟았겠네요.

김덕종: 네, 그렇습니다. 그때부터 우리는 5·18에 대해서 이야기도 나누고, 준비를 새롭게 해야 되겠다는 의지도 다지고 결의도 하고 그랬습니다.

손석춘: 항쟁이 일어나고 맨 처음에 형님을 면회 갔을 때 뭐라고 하던가요? 김남주 시인이.

김덕종: 그런 부분에 대해서는 이야기를 못 나눠요. 교도관이 항시 감시하고 있고 있으니까 집안 이야기나 일반적인 이야기 외 다른 말은 피합니다. 면회도 한 달에 한 번씩밖에 안 됐잖아요. 또 직계가족만 면회가 됩니다. 편지도 한 달에 한 번 씩밖에 못 쓰고요. 광주교도소에 있다가 86년도엔가 전주교도소로 이감을 갔어요.

손석춘: 그럼 김남주 시인의 옥중 시는 주로 광주교도소에서 쓴 작품이겠군요.

김덕종: 네. 주로 광주교도소였지요. 물론 전주교도소에서도 나왔습니다.

손석춘: 그때 눈부신 시들이 참 많았죠?

김덕종: 그럼요. 「학살」이란 시도 그때 나왔고, 여러 편이 나왔습니다.

손석춘: 「학살」 시 직접 받으셨어요?

김덕종: 그 이야기를 하면 재미있습니다. 대개들 감옥에서 책을 많이 본다고 하는데, 형도 꽤 많은 책을 봤어요. 늘 영치한 책들을 빼오곤 합니다. 한번은 접견을 갔더니, "덕종아, 루카치 전집이라는 책 내용이 참 좋더라. 너도 시간 나는 대로 한번 읽어봐라" 하더라고요. 일본어로 된 책인데 영어도 잘 모르는 내가 일본어로 된 책을 읽을 수나 있겠어요? 감이 옵디다. 책에 분명히 무언가 숨겨놓은 것이 있을 것이다 생각하고 집에 와서 샅샅이 이 잡듯 뒤졌어요. 아무리 봐도 아무것도 없더라고요. 그래서 밑줄 쳐진 대목이라도 있을까 하고 살펴봐도 없고. 동네에서 일본어를 조금 한다는 사람한테 가지고 갔지만 말은 조금씩 해도 글씨는 잘 모르더라고요. 형 이야기는 분명 샅샅이 뒤져보라는 거였는데, 눈치를 채고 영치된 책을 빼와서 봤지만 아무것도, 밑줄 친 부분도 없어서 '도대체 뭐가 있다는 건가' 포기하고서 다시 책장에 꽂아놓고는 '도대체 뭔가 있는데, 보물이 있을 건데' 하고는 또 찾기 시작했어요. 그 책이 표지가 두껍거든요. 근데 보니까 이상한 데가 눈에 잡히더라고요.

손석춘: 드디어 발견했군요.

김덕종: 옳지, 여기겠구나. 그리고 거기를 조심스럽게 뜯어봤더니 은박지에 쓴 일곱 편의 시가 쏟아져 나와요. 보물을 발견해서 얼마나 반갑든지. 이렇게 교묘하게 하다니 정말 기발하구나, 그런 생각이 들더라고요. 그다음에 빼오는 방법이 또 하나 있습니다. 장기수들한테는 1년에 두 번 가족 초청 좌담회라는 게 있어요. 감옥에도 성당이나 교회가 있는데 그곳에서 합니다. 유일하게 그 행사 때만 집에서 해간

음식물을 먹을 수가 있어요. 걸게 진수성찬을 준비해서 갖고 가는데 그때 빼오는 방법이 있어요. 형은 자연스럽게 손수건이나 윗옷 호주머니에 쪽지를 넣고 옵니다. 들키면 빼앗겨버리면 그만이니까. 음식을 들면서 이런저런 이야기 나누다 보면 어느 순간 교도관의 눈을 피할 틈이 생겨요. 그 상황에서 잽싸게 밥그릇에 쑤셔넣었습니다. 교도관이 몰라요. 젓가락으로 밥 먹는 줄 알지 의심이 가겠어요? 형은 맨날 그런 연구 했겠지요. 정말 기발합니다.

손석춘: 회장님이 최초의 독자였잖아요. 「학살」 시를 처음 보았을 때 느낌이 어땠어요?

김덕종: 「학살」이라는 시를 보면서, 우리가 이야기했던 광주항쟁의 배경, 사회적인 문제 이런 것들이 시를 통해서도 구체적으로 구조적으로 어떤 문제가 있다는 것을 제시하는구나 하는 생각을 가졌습니다. 시를 잘 모르긴 하지만 '좋은 시다' 그런 생각이 들고요. 혹시 남주 형의 「사랑은」 이라는 시 봤어요? 내가 편지 쓸 때 형님 시가 보고 싶다고 해서 합법적으로 나온 시입니다. 편지에 써서 보낸 시예요. 서정적이거든요.

「학살 1」

오월 어느날이었다
80년 오월 어느날이었다
광주 80년 오월 어느날 밤이었다

밤 12시 나는 보았다
경찰이 전투경찰로 교체되는 것을
밤 12시 나는 보았다
전투경찰이 군인으로 교체되는 것을
밤 12시 나는 보았다
미국 민간인들이 도시를 빠져나가는 것을
밤 12시 나는 보았다
도시로 들어오는 모든 차량들이 차단되는 것을

아 얼마나 음산한 밤 12시였던가
아 얼마나 계획적인 밤 12시였던가

오월 어느날이었다
1980년 오월 어느날이었다
광주 1980년 오월 어느날 밤이었다

밤 12시 나는 보았다
총검으로 무장한 일단의 군인들을
밤 12시 나는 보았다
야만족의 침략과도 같은 일단의 군인들을
밤 12시 나는 보았다
야만족의 약탈과도 같은 일단의 군인들을
밤 12시 나는 보았다
악마의 화신과도 같은 일단의 군인들을

아 얼마나 무서운 밤 12시였던가
아 얼마나 노골적인 밤 12시였던가

오월 어느날이었다
1980년 오월 어느날이었다
광주 1980년 오월 어느날 밤이었다

밤 12시
도시는 벌집처럼 쑤셔놓은 심장이었다
밤 12시
거리는 용암처럼 흐르는 피의 강이었다
밤 12시
바람은 살해된 처녀의 피 묻은 머리카락을 날리고
밤 12시
밤은 총알처럼 튀어나온 아이의 눈동자를 파먹고
밤 12시
학살자들은 끊임없이 어디론가 시체의 산을 옮기고 있었다

아 얼마나 끔찍한 밤 12시였던가
아 얼마나 조직적인 학살의 밤 12시였던가

오월 어느날이었다
1980년 오월 어느날이었다
광주 1980년 오월 어느날 밤이었다

밤 12시
하늘은 핏빛의 붉은 천이었다
밤 12시
거리는 한집 건너 울지 않는 집이 없었고
무등산은 그 옷자락을 말아올려 얼굴을 가려버렸다
밤 12시
영산강은 그 호흡을 멈추고 숨을 거둬버렸다

아 게르니까의 학살도 이렇게는 처참하지 않았으리
아 악마의 음모도 이렇게는 치밀하지 못했으리

「학살 2」

몸매가 작아 내 누이 같고
허리가 길어 내 여인 같은 나라여
누구의 하늘도 침노한 적이 없고
누구의 영토도 넘본 적이 없는
비둘기와 황소의 나라 내 조국이여
누가 너를 남과 북으로 갈라놓았느냐
누가 네 마을과 네 도시를
아비규환의 아수라로 만들어놓았느냐
누가 허리 꺾인 네 상처에
꽃잎 대신 철가시바늘을 꽂아놓았느냐
판문점에서 너를 대표한 자 누구이며
도마 위에 너를 올려놓고 초 치고 장 치고 포 치고 차 치고
내 조국의 운명을 요리하는 자 누구냐
입으로는 자유와 평화를 사랑하고
뒷전에서는 원격조종의 끄나풀로 꼭두각시를 앞장세워
제 조국의 해방과 독립을 위해 싸우는 민중들을
계획적으로 학살하는 아메리카여
보아다오, 너희들과 너희들 똘마니들이 저질러놓은 범죄를
보아다오, 음모와 착취로 뒤덮인 이 땅을
보아다오, 너희들이 팔아먹은 탄환으로 벌집투성이가 된 내 조국의 심장을

「사랑은」

겨울을 이기고 사랑은
봄을 기다릴 줄 안다
기다려 다시 사랑은
불모의 땅을 파헤쳐
제 뼈를 갈아 재로 뿌리고
천년을 두고 오늘
봄의 언덕에
한그루 나무를 심을 줄 안다

사랑은
가을을 끝낸 들녘에 서서
사과 하나 둘로 쪼개
나눠 가질 줄 안다
너와 나와 우리가
한 별을 우러러보며

손석춘: 그럼요. 많은 사람들이 사랑하는 시죠.

김덕종: 편지에 시와 함께 내용 설명을 쭉 해놨더라고요. 시골 노인이 집 뜰 안에다가 감나무를 심는다. 노인은 그 감 열매를 자기 때에 따먹기 위해서 심는 건 아니다. 멀리 두고 아들이나 손자들이 따먹도록 해주기 위해서다. 세상도 그렇다는 이야기죠. "우리가 이렇게 열심히 싸우고 그러는 것도 결국은 다 그런 거 때문이다. 너 때 좋은 세상이 오겠느냐. 우리 후세들이 정말로 좋은 새 세상에서 살기 바라는 마음에서 이런 내용을 담은 시다"라고 설명을 곁들였어요. 시라는 게 그렇드만요. 보는 사람에 따라서 해석이 다 다르겠지만 형이 쓰는 시는 참 깊은 의미를 담고 있구나, 그런 생각이 들고 참 좋더라고요.

학살 정권과의 싸움 '아스팔트 농사'

손석춘: 1980년대 농민운동 하시면서 학살극을 벌인 전두환 정권
과 많이 충돌하셨죠? 그때 어떤 싸움들이 있었나요?

> **김덕종**: 농민운동이 5·18 이후 상당히 침체기를 맞습니다. 살벌할
> 때였으니까요. 농민운동뿐만 아니라 재야운동 등도 어려움이 있었
> 지요.

손석춘: 83년까지는 침체됐었죠?

> **김덕종**: 네, 상당히 힘들었습니다. 다시 시작한 시기가 84년입니다.
> 한우 값이 완전히 폭락에 폭락을 거듭한 때였습니다. 82년 말부터 전
> 두환은 동생 전경환을 새마을운동본부 본부장으로 만들어놨습니
> 다. 그 친구가 소 수입 전면에 나서서 왕창 수입을 해옵니다. 정부 정
> 책은 농민들에게 100만 원, 200만 원씩 소 입식 자금을 푸는 거였
> 습니다. 우리 동네에서도 서너 사람이 입식 자금을 받기도 했습니다.
> 10만 원, 20만 원에 수입한 송아지를 70만 원, 100만 원씩 받고 농민
> 들에게 크게 선심이나 쓰듯이 판 셈이지요. 결국 우리 한우 송아지는
> 값이 떨어져 팔지도 못한 상황이 돼버렸습니다. 어미 소 값도 곤두박
> 질치고요. 그래서 농민운동 한 사람들이 이른바 소몰이(소 시위)를 시
> 작한 겁니다. 맨 먼저 함평에서 터졌는데, 장날 장에 끌고 가서 도끼
> 로 때려 죽인 사건이 일어났습니다. 이 사건이 일파만파 퍼져 소몰이
> 가 전국적으로 확산되는 계기가 됐습니다. 또 충남 음성에 사는 청년
> 농부가 농협의 줄기찬 빚 독촉을 견디지 못하고 결국은 축사에서 자
> 살한 일도 있었습니다. 전두환 형제가 짜고 농민들을 사냥한 겁니다.
> 소몰이 투쟁으로 소 입식 자금 상환이 연기되는 조그만 성과도 있었
> 습니다.

손석춘: 소몰이 시위 때 회장님도 같이 하셨나요?

김덕종: 네. 해남에서도 했습니다. 소 세 마리를 장에 끌고 가서 시위를 하다 군청으로 몰고 갔습니다. 군청 앞에 있는 수성송(500년 된 소나무)에 묶어놓고 '소값 똥값, 전두환은 소값 피해 보상하라'는 구호를 외치다가 군청 앞에선 별로 시위 효과가 없을 것 같아서 다시 장으로 갔습니다. 근데 끌고 가는 과정에서 고삐를 놓치고 말았어요.

손석춘: 어떤 상황에서 고삐를 놓쳤어요?

김덕종: 차들이 빵빵대고 환경이 다르니까 겁을 잔뜩 먹은 소가 갑자기 뛰는 바람에 고삐를 놓치고 말았지요. '음매 음매' 울면서 뛰어가고, 설사 똥을 길에다 깔기기도 하고, 또 경찰차하고 부딪쳐 가지고 참 복잡했습니다. 그 뒤로 회원 다섯 명이 연행됐다 곧 풀려나왔습니다.

손석춘: 그때도 현장에 계셨어요?

김덕종: 다 다녔죠. 싸움터라 하면 한 군데도 빠지지 않고 다 다녔어요. 소위 '원정 투쟁'이라고 합니다. 강진, 무안, 장흥 등 인접 시·군 투쟁에 숫자를 채워주고 함께 싸워주는 투쟁을 원정투쟁이라고 합니다. 무안 원정 투쟁이 가장 기억에 남네요.

손석춘: 무안 투쟁 이야기 좀 자세히 나눠주시죠?

김덕종: 88년도 가을입니다. 오래 돼서 기억이 잘 안 나긴 한데, 고추 피해 보상 투쟁이었습니다. 무안군청은 농협하고 같이 있어요. 거기에다가 고추를 엄청나게 야적하고 농성한 사건입니다. 고추 피해 보상을 위한 무안 장날 대중집회가 잡혔던 날입니다. 인근 시·군에

서도 많이 왔어요. 천주교회에서 간단한 집회를 끝내고 가두시위를 진행하는 과정에서 경찰과 부딪치게 됐습니다. 우리의 완벽한 승리였습니다. 가두시위를 막는 경찰과 뚫는 우리와의 싸움에서요. 경찰서 정보과장이 농민들에게 인질로 잡혀 결국 저들이 물러섰지요. 고추 피해 보상 투쟁도 실은 해남에서부터 시작이 됐습니다. 수매 가격이 근당 2,000원이었는데, 수입 고추 때문에 근에 600원으로 폭락했어요. 그뿐만 아니라 품질이 좀 떨어진 고추는 200원까지 추락했습니다. 그러니 수매를 회피하죠. 당연히 피해 농가는 싸움을 하게 되고요. 싸움은 불 번지듯 전국으로 확산됐고, 농협중앙회는 난리가 났죠. 결과는 농민의 승리로 귀결됐습니다. 다들 2,000원에 팔았으니까요.

손석춘: 전두환 정권 때 KBS 시청료 거부 운동도 농민들이 시작했죠?

김덕종: 그랬습니다. 그게 농민운동 초창기부터입니다. 시청료 내지 말기 운동부터 시작했지요. 오랫동안 싸운 사안입니다. "공중에 날라다니는 것 받아서 보는데 무슨 시청료냐. 시청료 받아갈려면 너희들도 우리 동네 와서 공기 마셨으니까 공기 값 내놓고 가라" 하면서 싸웠습니다. 그 싸움의 일화는 무안에 살고 있는 최병상 동지가 많이 알고 있습니다. 그걸로 마을 교육도 많이 다녔으니까요. 시청료 거부운동은 대중투쟁으로 확대시키지는 못했습니다. 선언적 투쟁으로 끝났습니다.

손석춘: 해남에서도 적극 참여했었죠?

김덕종: 유인물 만들어서 뿌린 정도였습니다. 해남은 의료보험 투쟁도 열심히 한 동네입니다. 당시의 의보제도가 사회보장제도로서의 의료보험제도가 아닌 조합주의 방식이었습니다. 형평성에도 맞지 않

습니다. 잘사는 사람이나 못사는 사람이나 보험료 차이가 거의 없습니다. 그래서 조합주의를 철폐하고 통합주의를 실시하라는 투쟁이었습니다. 이 투쟁도 나름대로 성과를 냈다고 봅니다.

손석춘: 6월 항쟁 때는 해남에 계셨나요?

김덕종: 6월 대항쟁 때는 정말 힘들었습니다. 4·13 호헌 조치라고 이야기하지 않습니까. 그때부터 싸우기 시작했잖아요. 지역에서도 물론 싸웠지만 우리 농민운동 하던 사람들은 광주로 갔습니다. 광주에서 그때그때의 상황에 따라서 집회를 했으니까요. 무진장 싸웠습니다. 최루탄도 무진장 맞고. 연행되어 가지고 구타도 당해보고.

손석춘: 그게 두 번째 연행이었나요?

김덕종: 연행이야 농민운동 하는 동안 수없이 됐지요. 기억도 없습니다. 4월 13일 이후부터 6·10항쟁 동안 끊임없이 광주에 다녔습니다. 광주에서 4·13 호헌 철폐 집회가 있다고 하면 해남 경찰이 난리가 납니다. 정광훈 의장을 비롯해서 농민운동 하는 저를 포함해서 못 가게 막아요. 아침 일찍 집에 와서 문 앞에서 지키고 있습니다. 어떤 경우는 그 전날부터 감시를 하고요. 저도 붙잡혀서 못 올라간 적이 있어요. 6월 항쟁의 첫 시작을 광주에서 불을 당겼다고 이야기하고 싶어요. 실제 광주에서 싸워 전국으로 확산하자는 의견들도 있었고요. 또 하나 광주가 잘했던 점은 농민운동, 노동운동, 재야, 학생들까지 잘 연결됐습니다. 당시에는 공통된 사안이라면 하나로 일사불란하게 움직일 수 있었어요. 대단한 힘을 가졌다고 말할 수 있습니다. 아무래도 5·18 영향도 클 거예요.

손석춘: 농민들의 시위를 '아스팔트 농사'라고 표현하잖아요. "이 세상에 지어먹을 농사가 하나 있어 여의도에 아스팔트 해방농사 지

어보세"라는 내용이 담긴 〈아스팔트 농사〉라는 노래에서 따온 건데,
이 노래를 정광훈 의장이 만들었지요?

김덕종: 맞습니다. 홍대 출신 운동권 애들과 함께 만들었습니다. 노
랫말은 정 의장이, 곡은 홍대 출신들이 하고.

손석춘: 그런데 6월 항쟁으로 직선제 개헌을 얻어냈는데, 김대중과
김영삼의 분열로 노태우 정부가 등장하잖아요.

김덕종: 기가 막힐 일입니다.

손석춘: 그때 어떠셨어요? 농민운동 하던 분으로서 당시 상황을 어
떻게 보셨는지요.

김덕종: 농민운동권에서도 이러저런 이야기들이 많이 나왔습니다.
물론 지역에서도 논쟁이 있었고요. 그러나 지역이다 보니까 치열하
게 논의되지는 못하는 한계가 있었습니다. 중앙 판에서 나오는 정세
를 모아보는 정도였습니다. 재야에서 활동했던 김근태 선생, 장기표
선생 참 복잡했잖아요. 그것이 지역에까지 논란의 대상이 되기도 했
습니다. 어찌 됐든 단일화해야 한다는 의견은 어렵지 않게 모아졌습
니다.

손석춘: 농민운동가들은 두 김씨 중 어느 쪽으로 의견이 더 모아졌
었나요?

김덕종: 군사독재를 종식하기 위해서 더 가능성이 있는 와이에스로
단일화해야 한다는 의견이 좀 많았던 것 같아요. 대신 차기는 디제이
가 보장받아야 한다는 의견이 깔려 있었던 기억이 납니다.

손석춘: 김영삼으로 단일화하고, 5년 단임이니까 그다음에 김대중이 정권을 맡았다면 어땠을까요?

김덕종: 글쎄요. 잘 모르겠습니다.

손석춘: 그렇게 되었다면 한국 정치가 지금과는 사뭇 다르고, 지역에 근거한 투표 성향도 완화되었으리라고 분석하는 사람들도 있는데요.

김덕종: 조금은 개선될 수도 있었을 겁니다.

손석춘: 그때 생각은 어떠셨어요?

김덕종: 개인적으로는 디제이로 단일화되어야 한다고 보았습니다. 두 사람의 정치적 과정이나 철학, 자질로 보았을 때 디제이한테 더 후한 점수를 주고 싶었어요.

손석춘: 그렇게 주장하셨어요?

김덕종: 강력히 주장은 못했습니다. 주장할 만한 구체적인 정세 파악이나 상황 판단에 내 능력의 한계가 있었고.

손석춘: 정광훈 선생은 어떤 생각이셨어요?

김덕종: 정광훈 의장님은 그런 부분에서는 상당히 원칙적인 면이 있습니다. 잘 이야기도 하지 않지만 한다 해도 "누가 되면 뭐한데? 우리 일은 우리가 해야지. 농민들 잘살도록 해준다냐. 우리 사람들 아니지 않느냐" 요런 식으로 흔히 나와요. 요렇게 딱 일언지하에 끊어 버리는 부분이 있습니다. 그러나 시대적 정세도 무시할 수 없고 고려

해야 하는 상황도 있습니다. 또 우리 운동과 민주주의의 발전을 단계적으로 보면 너무 원칙적으로 끊어버리지 않는가 하는 생각도 간혹 들 때가 있었어요.

손석춘: 결국 노태우 정부가 들어서고 전농이 창립했죠?

김덕종: 1990년 4월 24일입니다. 벌써 24주년이 지났습니다.

손석춘: 전농 창립할 때 어떤 일을 맡으셨나요? 해남에서.

김덕종: 그때 저는 해남군농민회 문화부장을 맡았습니다. 사무국장 이야기도 나오고 그랬는데, 규약상 군 농민회 회장이나 사무국장은 지회가 있는 면에서 맡는다는 규정이 있었습니다. 내가 사는 삼산면은 지회(조직)가 없었거든요. 못 맡고 부서에서 일을 했죠.

손석춘: 처음 맡은 직책이 전농 해남군농민회 문화부장. 중요한 일을 맡으셨네요. (웃음)

김덕종: 행사나 교육이 있을 때 문화적 요소들이 필요할 때가 있거든요. 그럴 때 필요한 프로그램 기획하는 일, 노래도 가르치고 꽹과리도 가르치는 일들이 문화부장의 역할이었습니다. 적성에 맞기도 했고요.

손석춘: 꽹과리 잘 치세요?

김덕종: 저는 기교나 기능은 뛰어나지 않지만 신명을 다 바쳐서 합니다. 쑥스럽지만, 으레 상쇠는 덕종이가 잡아야 놀이가 산다고 그럽니다.

손석춘: 회장님은 박정희 정권이 아직 무너지지 않았을 때 농사를 본격적으로 시작하셨는데, 당시 새마을운동이 벌어지고 있었죠? 새마을운동을 아주 모범적인 운동으로 주장하는 사람들이 부쩍 늘어나고 있는데요. 지금까지 30년 넘게 농민운동을 해오신 분으로서 새마을운동은 어떻게 평가하세요? 짚고 넘어갈 필요가 있을 것 같아서요.

김덕종: 글쎄요. 크게 둘로 갈리지요? 학자들 견해도 다르구요. 정치인들도 양비론을 들이대고 그럽디다. 역사적으로도 새마을운동에 대한 평가를 어떻게 내릴지 궁금해지기도 합니다. 나야 농민 입장에서 볼 수밖에 없습니다. 또 새마을 사업의 한 피해자 입장에서 볼 수밖에 없습니다. 누구 눈치 볼 필요도 없구요.

먼저 새마을운동 덕분으로 농민들이 가난을 극복할 수 있었고 잘살게 됐다고 합디다. 그러면 역으로 새마을운동 없었으면 농민들이 계속 힘들게 살았을까요? 우리나라 농민들 엄청 부지런합니다. 새벽부터 밤늦게까지 일합니다. 새마을운동 없었어도 그 성실함으로 충분히 가난을 극복할 수 있는 능력을 갖고 있습니다. 오히려 강제적으로 지붕 개량하고 길 내고 해서 빚으로 남았습니다. 특히 고속도로 주변은 전시 행정이라고 봐야겠지요. 강제로 빚내서 주택 짓고, 지붕 개량했습니다. 돈이 없어서 주택 개량 못하는 농가는 면 직원이 달라붙어 초가지붕을 막 뜯어내고 그랬습니다. 당한 사람은 피눈물 흘렸습니다. 그 과정에서 빚에 시달리다가 얼마나 많은 사람들이 반봇짐을 쌌습니까? 심지어는 빚 독촉에 자살한 농민들도 부지기수였습니다. 농촌 젊은이들은 견디다 못해 서울로 식모살이 가거나 시커먼 공장 굴뚝에 처박혀 저임금으로 최소한의 사람대접도 못 받고 살았습니다. 길 내는 것, 정부가 하지 말래도 필요하면 농민들이 알아서 다합니다. 사실 다 해왔던 일이고요. 정책이 아무리 좋다고 하더라도 그 정책을 농민들이 받아들일 수 있어야 하고 자발적으로 해야 되는 것 아닌가요?

다음은 농촌문화, 농민문화가 사라졌어요. 새마을운동 한답시고 쉬지도 못하게 했습니다. 북, 장구 치면서 놀지도 못하게 했습니다. 우리 농민들은 허리도 못 펴고 일했습니다. 쉴 수 있는, 놀 수 있는 문화가 있어야지요. 사람은 자신에게 꼭 필요한 건전하고 생산적인 문화가 없으면 삶 자체가 팍팍합니다. 정말로 우리가 계승 발전시켜야 할 농촌문화가 새마을운동으로 다 소멸되고 말았습니다. 아니, 박정희가 없애버렸습니다. 당시 농민들의 땀의 대가가 어디로 갔나요? 거의 힘 있는 자들에게 갔어요. 농민들에게 돌아온 것은 빚뿐이었습니다. 농민들의 빚이 누적되고, 농촌이 황폐화되기 시작한 때가 그 시점에서부터입니다. 또 처녀들 씨를 말려버렸잖아요. 농촌 총각한테 시집 올 여성 없습니다. 인간의 가장 기본적인 의식인 결혼도 못하게 만들어버렸어요. 뻔히 알다시피 지금 농촌 사회는 완전히 노령화됐습니다. 60대도 동네에 몇 명 안 돼요. 우리 동네도 나를 포함해서 고작 너덧 명 됩니다.

손석춘: 새마을운동을 좋게 평가하는 농민들도 있지 않나요? 어떤가요? 그런 분하고는 소통이 되세요?

김덕종: 잘 안 돼요.

손석춘: 그런 분들이 그래도 새마을운동으로 우리가 길도 냈고 지붕도 바꿨고 살기 좋게 됐다고 한다면 어떤 말씀 하시겠어요?

김덕종: 그게 설득이 안 돼요. 그분들은 워낙 가난하고 힘들게 살다가 새마을운동으로 삶이 조금씩 달라진 모습만 보는 거죠. 새마을

운동으로 피해를 본 부분들에 대해서는 평가할 겨를이 없어요. 단순하게 보는 겁니다.

손석춘: 그렇군요. 새마을운동과 달리 자주적인 농민운동으로 결국 전농이 세워지는데요. 전농 세울 때의 감회를 들려주시죠.

김덕종: 전농 건설의 결정적인 계기는 수세 투쟁입니다. 아까 말했듯이 1987년부터 89년까지 수세 거부 투쟁을 했습니다. 갑오농민전쟁 이후 최대의 투쟁이었고, 우리 농민운동사에서 대중투쟁으로서 괄목할 만한 투쟁이었습니다. 수세 투쟁 역시 해남에서 최초로 수세 거부 대중집회를 열었습니다. 투쟁은 급속도로 전국으로 확산됐습니다. 전국 농민 대중집회는 1989년 2월 13일 여의도에서 마지막이었고, 3년간 싸운 끝에 마침내 농민이 승리한 투쟁이었습니다. 고생한 만큼 감동도 컸습니다. 투쟁을 마치고 난 후 전국 곳곳에서 농민운동 단일 조직 건설이 구체적으로 요구됐습니다. 물론 투쟁 중에도 농민운동 단일 조직 건설을 위한 기구가 만들어져 있어서 활동을 해왔습니다.

마침내 1990년 4월 24일 전국농민회총연맹(전농)이 건설됐지요. 언론도 많은 관심을 가졌습니다. 전농 지도부도 빵빵했습니다. 조직은 일사불란하게 움직였고, 시·군 농민회도 속속들이 조직되어 전농에 가입했습니다. 이 조직이면 못해낼 일이 없을 것 같았습니다. 정말 농민 세상이 금방이라도 올 것 같은 그런 분위기였습니다. 농민대중은 전농을 신뢰했습니다. 현장에서 활동하는 회원들도 농민들로부터 존경을 받았습니다. 그런데 24년이 지난 지금 전농 조직은 창립 초창기보다도 훨씬 힘이 약화됐습니다. 물론 여러 원인이 있겠지요. 모든 운동가들의 책임이 큽니다. 참 부끄럽고 안타깝습니다.

손석춘: 해남군농민회도 막강했죠?

김덕종: 그럼요. 농민 대중투쟁을 대중 속에서 잘 실천했습니다. 회원들의 열정도 최고조였습니다. 무슨 일이 터져 회원들 긴급 동원하면 100명 모으는 것은 어렵지 않았습니다. 미조직 면은 자발적으로 면 지회를 건설하고 군 농민회로 뭉쳤습니다. 마을 단위 분회도 100여 개 만들어졌습니다. 집회를 하면 수천 명이 모였습니다. 지금도 그 힘이 유지됐다면 군수, 군의원은 마음만 먹으면 다 잡을 수 있을 겁니다. 무엇이 두렵겠습니까? 농민대중이 버텨주고 있으면요.

손석춘: 그때가 농민운동의 최고 정점이었죠?

김덕종: 그랬어요. 그립습니다.

손석춘: 그립죠. 저도 그리운데 오죽하시겠어요.

김덕종: 참 그립습니다.

손석춘: 그런데 이렇게 되리라고 예상을 못하셨죠?

김덕종: 전혀 예상 못한 것은 아닙니다.

손석춘: 막강했던 농민운동이 왜 약해진 걸까요?

김덕종: 여러 요인이 있겠습니다. 다 열거하기란 좀 그렇습니다. 몇 가지만 짚어보면 농민운동가는 지역에서 헌신적이고 모범적이어야 대중으로부터 신뢰와 존경을 받습니다. 농민대중에 대한 무한한 신뢰와 겸허한 자세를 가져야 합니다. 물고기가 물에서 놀아야 하는데 산꼭대기에서 놀았습니다. '대중 속에서 대중 속으로'라는 명제는 지금 상황에서도 유효하다고 판단합니다. 조직 운영은 그야말로 민주적이어야 합니다. 전농 조직 체계에 맞는 민주적 운영 체계를 확립

하지 못했습니다. 기본적으로 중심에서 활동한 간부 운동가들의 책임이 큽니다. 농민운동이 노동운동에 비해 객관적 조건이 어렵습니다. 청년들이 없지, 몇백 몇천 몇만 명씩 집단적으로 모여 있지 않고 분산돼 있지, 보수적이지, 정치적 이슈에도 관심도가 떨어지는 등 어려움이 많습니다. 그 외에도 여러 문제가 있겠지요. 여기까지만 말하고 싶습니다.

손석춘: 저도 농민들의 감소와 같은 객관적 요인이 강력했다고 생각됩니다만, 그것을 전제로 주체적 요인을 조금 더 엄밀하게 짚어보았으면 하는데요.

김덕종: 개인적으로는 30여 년 세월을 농민운동이란 외길을 걸어왔습니다. 1,000만 농민 시대였습니다. 70년대만 해도 농촌에 처녀들도 간혹 있었습니다. 그러나 농정 실패로 많이 떠났습니다. 70년대 농민운동은 활동가들을 발굴하고 양성하는 교육 사업, 농업 악법 개정 투쟁과 농협민주화 투쟁이 주요한 사업이었습니다. 소위 농민운동의 태동기였습니다. 80년대 초는 5·18 이후 침체기를 맞습니다. 그리고 중반부터 교육·투쟁 사업을 지속하면서 농민운동 대중화와 반독재 투쟁 등 경제투쟁에서 정치투쟁으로 발전해가는 단계였습니다. 수세 거부 투쟁과 고추 피해 보상 투쟁이 87년, 88년 전국적 대중투쟁을 승리로 이끌면서 농민운동의 단일 조직 건설이 크게 탄력을 받아 앞에서 이야기했듯이 90년 4월에 전농이 건설됩니다. 그리고 90년대 운동은 보다 대중적으로 확산되어가고, 이념화되어가고, 민족민주운동과 함께하는 이른바 변혁운동의 하나의 주체로서 발전하고 자리를 잡아가는 과정이었습니다. 2000년대는 전농만큼 통일운동에 적극적이었던 조직이 있었을까 하는 생각이 듭니다. 북의 농업근로자동맹(농근맹)과 남쪽의 농민들이 만나 이야기 나누고 통일을 다짐하는 행사를 가졌습니다. 우리 쪽에서 식량과 못자리용 필름도 많이 보냈습니다. 2006년에는 통일쌀 보내기 경작을 면 지회에서 활

발히 전개했습니다. 회원들 모두 적극적이었습니다. 2007년에는 전농 대의원대회를 수백 명이 금강산에서 가졌습니다. 통일이 멀지 않았구나 하는 생각이 들 정도였습니다. 그립습니다.

현재 농민이 300만입니다. 또 고령화되었습니다. 귀농한 사람들이 있지만 농촌인구는 늘어나지 않습니다. 운동도 사람이 하는 일인데, 그것도 젊은 사람이 좀 있어야 하고, 더구나 참여해야 되는데 워낙 청년들이 없습니다. 동네에서 청년이라고 하면 요새는 50~60대를 청년이라고 합니다. 그럼에도 운동은 그칠 수 없습니다. 아니, 그칠 수 없는 것이죠. 어떤 형태로든 존재하는 것 아닌가요? 변화에 따른 운동의 방법을 그때그때 찾아야지요. 그래서 지금은 운동을 고민하는 활동가들의 생각도 달라져야 한다고 봅니다. 물론 운동이 지향하는 큰 원칙을 버릴 수는 없겠지요. 몰라요. 그것도 바뀔지. 하지만 다시 시작하는 마음으로 준비해야 합니다. 준비 과정도 많은 논의가 필요합니다. 지금까지 전농이 걸어온 길, 간부들이 어떤 운동관을 가지고 있는지, 조직관, 운동가의 철학과 자세 등과 관련해 그야말로 새롭게 시작한다는 각오로 준비해야 합니다. 남들보고 변화하지 않는다고 말할 수는 없습니다. 운동가 자신부터 변화하고 혁신하는 자세가 필요합니다.

손석춘: 공감합니다. 그렇다면 어디서부터 시작해야 할까요? 실천 과제 중심으로 이야기를 나눠볼까요?

김덕종: 구체적으로 시·군 농민회가 중요합니다. 지역에 기반을 두고 두 가지 부분에서 큰 역할을 해나가야 한다고 봅니다. 첫째는, 건방진 말 같지만, 지역운동의 중심적 역할입니다. 어느 지역이나 많은 민주 단체들이 있습니다. 그중에서 농민회가 가장 큰 조직입니다. 면지회, 마을 회원까지도 있으니까요. 뭐, 끌고 가야 한다는 얘기는 아니고요. 지역 사안에 함께하는 데 힘이 되는 역할을 해야 한다는 말입니다.

둘째는, 지금은 지방자치시대에서 살아가고 있습니다. 따라서 농민회가 지역 사업과 관련해서 해야 할 일들이 많습니다. 큰 틀의 사업으로 보면 올바른 주민자치 실현을 위한 활동에서부터 비민주적이고 부당한 사업들에 대한 주민들의 의견도 경청하면서 견제와 대응을 해나가는 역할도 필요합니다. 지자체의 농정도 중요합니다. 지방시대로 접어들면서 일정 정도 지자체가 지역 농업정책의 자율권을 가지고 있습니다. 따라서 이제는 농민이 지역 농정의 한 주체로서 제도적 참여가 보장되어야 합니다. 그리고 의회와 농민 단체가 상시적으로 만나 지역 농업 발전을 위한 논의를 허심탄회하게 할 수 있는 틀을 만드는 일도 꼭 필요합니다.

최근 몇 년 사이 전국 여러 곳에서 농산물 최저가격 보장을 위한 조례 제정 운동이 진행되고 있고, 이미 제정된 군도 있습니다. 해남군농민회도 주민 발의로 조례 개정 청구 운동을 현재 진행 중입니다. 우리가 이 운동을 하는 취지는 첫째, 대중이 참여하고 그 성과를 대중의 것으로 만들어가고, 둘째는 대중운동을 확산해 보자는 것이고, 셋째는 농민이 지역 농정에 참여하는 과정으로 삼고자 하는 것입니다. 농민운동을 새롭게 열어갈 중요한 사업이라 봅니다. 또 농민들의 이해와 요구를 담아낼 수 있는 사업이기도 하고요. 또 하나 빼놓을 수 없는 사업이 요구별, 품목별 조직도 만들어가야 합니다. 문제는 이런 일들을 누가 하느냐입니다. 물론 시·군 농민회가 사업의 주체입니다. 그리고 전농은 이런 사업을 현장에서 잘할 수 있도록 정보를 제공해주고, 정책을 만들어 지도하고 지원을 해주어야 합니다. 마지막으로 한 가지만 더 이야기한다면, 운동을 생활 속으로 가지고 가야 합니다. 생활 속의 운동이 우리 운동의 꽃이고 생명입니다. 그것이 창의적인 운동의 모태라고 봅니다.

9

농사만 지은 누나 "느그는 으째서 그 모냥이냐?"

손석춘: 현장을 강화하자는 말씀인데요. 좋습니다. 그러면서도 당면한 현실을 직시해야 할 텐데요. 농민운동이 과거에 비해 약해져 있고, 정부는 쌀 전면 개방에 나서는 상황입니다. 그래서 정권을 교체하는 일, 농민을 위한 정권을 세우는 것도 중요한 일일 텐데, 이명박 정부가 여러 가지 실정을 많이 했음에도 불구하고 박근혜 정부가 들어섰잖아요? 지금도 새누리당 지지율이 높고요. 새정치연합 지지율보다 어떨 때는 배 가까이 높아요. 이런 현상을 농민들은 어떻게 보시나요?

김덕종: 새정치민주연합이 구체적인 당명 아닌가요? 나도 헷갈릴 때가 자주 있습니다. 사실 새정치민주연합은 지난 총선을 앞두고 급조된 당이라고 봅니다. 농민들은 지금도 민주당이라 부르지 새정치민주연합이든 새정치연합이든 당명에 익숙해 있지 않은 것 같아요. 부르기 쉽고 금방 머릿속에 새겨질 수 있는 당명이 아닌 것 같습니다. 하기사 머리 좋은 사람들이 지었을 텐데 좀 심사숙고했겠습니까? 농민들 입장에서는 박근혜 정부와 새누리당에 대한 기대는 전혀 갖고 있지 않습니다. 농업정책에 대해서도 일말의 희망도 없습니다.

지난번에 밭일하는 아줌마들 속에 잠깐 있었는데 그런 말이 나옵디다. 박근혜가 대통령 되고 나서 농민들 더 어려워졌다고 불만을 터트립디다. 그런데 대번에 다른 반응이 또 나옵디다. "누가 하면 또 달랐어?" 마치 비꼬듯 말하더라고요. 똑같이 보는 거겠지요. 실제 최근 2년 동안 모든 농산물 값이 폭락했습니다. 배추, 양파, 마늘, 고구마, 잡곡류 등이 똥값이었습니다. 감자는 팔지도 못하고 썩힌 농민들도 많습니다. 올해도 불안 속에서 농사합니다. 거기다가 쌀 관세화 선언까지 했습니다.

새정치연합에 대한 기대는 전혀 없습니다. 사실상 새정치연합의

전신이 농민들은 민주당이라고 봅니다. 민주당 정권 시절에 농업정책 어땠습니까? 쌀 수입, 한·칠레 FTA, 한·미 FTA 다 했잖아요. 그런 측면에서 새누리당과 차별성을 두지는 않는 것 같습니다. 여론이란 잘못해서 내려가기도 하지만 잘해도 상대가 어떻게 대응하느냐에 따라서 달라지기도 하는 것 같더라구요. 역으로 못해도 기발한 홍보 전략으로 국민들 눈과 귀를 감쪽같이 속여서 지지율이 올라가기도 하고 말입니다. 새누리당이 그런 걸 잘하는 것 아닙니까? 농민들하고 그런 부분 가지고 이야기를 못해봐서 어떤 생각을 가지고 있는지 잘 모르겠습니다. 하지만 쌀 전면 개방, 세월호 참사, 공약 파기, 기타 실정 등 이런 상황에서 새누리당의 지지율이 압도적이라니 얼른 이해가 가질 않네요. 농민들만을 대상으로 여론조사 하면 어떤 결과가 나올지 궁금합니다.

기왕 말 나온 김에 빗나간 이야기지만 한 가지 손 선생한테 물어봅시다. 이명박 씨는 왜 대통령을 하려고 했을까요? 국민들 잘살게 하려고 했을까요? 5년간 그런 모습 보입디까? 내가 보기엔 전혀 그것과 상관없는 사람입니다. 그 사람은 대통령으로서 자격 없는 사람이었습니다. 그 사람은 토건업자 출신으로 오직 4대강에 포크레인 갖다 대고 콘크리트 갖다 붓고 그럴려고 대통령 되려고 했던 사람입니다. 대통령이 아니고서는 할 수 없기에. 그것만 성공시키면 대통령의 꿈이 아니라 자신의 꿈이 실현되는 것입니다. 22조라는 천문학적인 국민 혈세를 부었잖아요. 성공한 대통령 이명박!

손석춘: 조중동이 종편 방송까지 내보내면서 새누리당 지지율이 견고해졌다고 봅니다. 종편을 젊은 세대는 거의 보지 않지만, 50대 이상은 많이 보거든요. 지지 세력 결집 효과를 톡톡히 보는 듯해요. 이명박 정권의 실정 정말 많았죠. 그럼에도 새누리당에 성찰의 모습은 전혀 보이지 않아요. 하지만 그 책임은 어쩌면 야권에도 있지 않을까 싶은데요. 어차피 그들은 정권을 연장했으니까요.

김덕종 : 지난 대선 끝난 후 가까이 사는 누님 집에 들른 적이 있어요. 문 앞에 막 들어서니까 누님이 몹시 화가 난 표정으로 "느그는 으째서 그 모냥이냐? 나는 요새 텔레비도 못 본다. 연속극도 맘 놓고 못 본다. 박 대통령 얼굴 나올깜서" 그렇게 나한테 덤벼들듯이 얘기하드라고요. 솔직히 깜짝 놀랐습니다. 무슨 말일까 한참을 생각해봤어요. 물론 내 상상이지만 민주·진보 진영이 너희들끼리 늘 싸우고 갈라지고, 또 싸우고, 그러다 보니까 박근혜한테 대통령 준 것 아니냐 그렇게 보는 것 같았어요. 누님은 시골에서 땅만 파고 사는 사람이에요. 무시하는 것 같지만 진보가, 민주가, 보수가 뭔지 잘 모르는 사람입니다. 다만 동생들(남주, 덕종)이 얻어맞고 감옥 가면서 하는 일이 민주고 진보라고 생각하고 있습니다.

손석춘 : "느그는 으째서 그 모냥이냐?"는 물음, 촌철살인이네요. 꼭 분열만 추궁한 것은 아닐 수도 있다는 생각이 드는데요?

김덕종 : 물론 그러죠. 그런데 내 느낌은 그렇게 받아져요.

손석춘 : 그런 말씀을 드린 이유는 사실 2012년 대선은 마지막에는 일대일로 치러졌거든요. 단일화했으니까요.

김덕종 : 일대일로 치렀다 해서 단일화했다고 규정하는 것은 잘못 본 거라는 생각이 들어요. 단일화는 어떤 방식으로든 원하는 사람끼리 공동의 목표를 가지고 하는 것이라 봅니다. 문재인 후보와 안철수 후보의 단일화 과정, 내 눈에는 매끄럽지 못했습니다. 단일화 방식을 두고 옥신각신하는 것은 당연히 있을 수 있습니다. 그러나 그것이 국민들에게 희망과 감동을 주는 것이라야 합니다. 마무리는 어땠나요. 적어도 내가 생각하는 단일화의 마무리는 광화문에 수만 수십만이 모인 가운데서 국민과 함께하는 단일화 선언이 되어야 한다고 봐요. 국민과 함께하는 단일화, 그렇게 해야 힘이 실립니다. 그런데 처음에

는 안 후보가 후보 사퇴를 했지요? 그다음에 "문재인이 단일 후보다"라고 기자회견을 통해서 발표했습니다. 진정한 의미에서의 단일화가 아니었어요. 내 판단이긴 합니다만 국민이 봤을 때 감동과 희망을 주는 단일화가 되었다면 결과는 뒤바뀔 수 있었습니다.

손석춘: 단일화는 했지만 힘이 모아지지 않은 것은 분명해 보입니다. 다만 "느그는 으째서 그 모냥이냐?"는 물음에서 야권 전반에 대한 실망을 읽었는데요. 이를테면 회장님께서 아까 밭일하던 분이 "누가 하면 또 달랐어?"라고 비꼬더라는 말씀을 전해주셨잖습니까? 사실 남북관계를 풀어가는 데는 민주당이든 새정치민주연합이든 새누리당과 차이가 컸지만 국내 경제문제를 대처하는 데는 아쉬움이 많아요. 예를 들면 김대중 정부가 들어섰을 때 많은 사람들, 회장님도 기대를 많이 하셨을 것 같은데. 어땠어요?

김덕종: 당시 농민운동권에서는 기대할 것 없다는 이야기가 주류를 이뤘어요.

손석춘: 그랬어요?

김덕종: 제 개인적으로는 물론 나아질 거라고는 봤어요. 그러나 우리 농업 문제를 김대중 대통령 한 사람이 해결할 수는 없다고 보니까, 근본적으로 큰 기대를 걸지는 않았죠. 다만 사안 사안에 따라서 농업 현안 문제에 대해서는 조금씩 다른 변화가 있을 것이다, 농가 부채 문제라든지, 농업정책 방향이라든지 이런 부분들은 기존 보수 정권과는 차이가 있을 것이다 그렇게 보았습니다. 실제로 농민들이 힘들어하는 농가 부채는 이자 탕감과 장기 저리로 정책자금화도 했습니다.

손석춘: 물론 대통령 한 사람이 다 할 수 있다고는 저도 생각하지 않

습니다. 김대중, 노무현 정부가 이명박, 박근혜 정부보다 더 나은 것도 분명하고요. 하지만 이를테면 1970년대 김대중의 위상을 확고히 하는 데 기여한 대중경제론을 정작 대통령이 되어서는 구현하지 못했잖습니까? 아니, 구현할 의지조차 보이지 않았다고 보는데요. 왜 그랬을까요?

김덕종: 경제에 대해서는 거의 문외한이기 때문에 말하기가 부담이 됩니다. 기본적으로 민족경제, 대중경제에 공감합니다. 김대중 대통령의 대중경제론은 개인적으로 자본주의로 진입한 시기 또는 산업화 초기, 즉 거대자본, 독점자본이 형성되기 전에는 국민적 합의로 가능하지 않았을까 하는 생각을 가져봅니다. 그러나 김대중 대통령이 대통령을 할 시기에는 이미 자본권력이 정치, 시장, 농업까지도 지배하는 권력으로 탄탄해졌습니다. 국민 역량을 하나로 모아 혁명적으로 재벌을 해체하고 대중경제를 펴볼 만한 객관적 조건이 쉽지 않았을 상황이었다는 생각이 듭니다. 아마도 김대중 대통령도 생각조차 못해봤을 것이다라는 생각이 드네요. 아무튼 그분의 생각대로 초기 자본주의 단계에서 대중경제가 실현됐다면 비정규 노동자 문제, 사회의 양극화가 이렇게 심화되지는 않았겠죠. 따라서 분배의 정의도 이루어지고, 사회적 갈등도 없었을 것입니다. 농업 쪽에서 보면, 농업이 자본의 횡포를 당하지 않았을 거예요. 협업으로 많이 발전하지 않았을까 하는 생각입니다.

손석춘: 김대중 대통령이 취임했을 때 혁명적으로 재벌을 해체하라고 요구한 사람은 없다고 보는데요. 문제는 대중경제론과 정반대로 주요 공기업들은 물론, 금융까지 모두 외국 자본이 깊숙이 들어왔다는 거죠. 비정규직도 급증했고요. 김대중 대통령 자신이 기본 원칙을 잃은 것 같아요.

김덕종: 동감합니다. 하지만 김대중 대통령은 경제문제 해결보다 남

북 분단 문제 해결에 상당한 비중을 두지 않았나 봅니다. 즉 통일의 기반을 닦는 데 더 중점을 둔 것이라는 생각도 듭니다. 수많은 세월 동안 통일 방식에 관한 연구도 많이 하고 실제 3단계 통일론도 직접 만들어내서 공약으로 내세우기도 했잖아요. 민족주의적 성향이 뚜렷했다고 보여집니다. 이런 속에서 본인의 생각은 좌든 우든, 재벌이든 가난뱅이든 우리 사회의 대립적 관계를 완화하고 아우를 수 있도록 했는지도 몰라요. 사실 북한의 김정일 위원장을 만나러 간다는 것은 분단 상황에서, 또 보수 눈치 보면서 쉽지 않은 일입니다. 그분의 철학과 원칙이 달라진 것은 아니라는 게 내 생각이고, 그 과정에서 시행착오를 범하는 경우는 있었다고 봅니다. 아무튼 남북문제만 딱 떼어놓고 본다면 6·15 선언은 한반도 역사에 큰 획을 그은 사건이었습니다.

손석춘: 그렇게 볼 수도 있고, 그런 것도 있을 것 같아요. 하지만 그렇게만 보기에는 설명이 안 되는 대목들이 분명히 있다는 거죠. 주어진 조건 속에서도 얼마든지 잘할 수 있는 것을 엉뚱하게 처리하더라고요. 예를 들면 임기 말에는 문제가 있는 사람을 두 번이나 국무총리에 임명하고, 결국 인사청문회에서 두 명 모두 취임도 못했잖습니까? 사실 김대중 정부만의 문제도 아닙니다. 심지어 노무현 정부 때는 여의도에서 농민대회가 열렸을 때에 농민이 두 명이나 공권력에 맞아 돌아가셨죠?

김덕종: 그래요. 맞습니다. 실망을 많이 안겨줬지요. 그분도 한계가 있겠지요. 또 정치판이 좀 복잡한 곳입니까? 이 나라 정치에서, 특히 인사에서 늘 그런 문제는 아예 달고 다니다시피 합니다. 노무현 정부에서 전용철, 홍덕표 농민 형제가 경찰에 맞아 사망한 지가 벌써 10년이 다 돼가네요. 2005년 겨울이었습니다.

손석춘: 그때 현장에 계셨나요?

김덕종: 현장에 있었죠. 싸우고, 도망가기도 하고 그랬었죠.

손석춘: 당시 여의도 농민대회가 요구한 게 뭐였어요?

김덕종: 농민들 주장은 WTO 쌀 개방 국회 비준 반대였습니다. 농민들의 투쟁에 의해 수차례 연기되고 그랬어요. 역시 국민과 함께하지 못하면 농민만의 힘으론 어렵습니다. 그때만 해도 전농 힘이 상당히 셌어요.

손석춘: 2006년에 광주전남연맹 의장을 하셨죠? 해남군농민회 만들 때 문화부장이던 1990년과 2006년 사이에 어떤 일들을 맡으셨는지요?

김덕종: 해남군농민회에서 교육부장, 사무국장, 부회장, 회장을 했어요. 광주전남연맹 부의장도 했네요.

손석춘: 도 연맹 의장 할 때 수배당하셨죠?

김덕종: 한·미 FTA 싸움으로.

손석춘: 수배당할 때 노무현 대통령에게 섭섭하셨을 것 같은데. 어떠셨어요?

김덕종: 노무현 대통령을 만나본 적이 있습니다. 국회의원 때인데 전두환 청문회 후 노무현 의원이 일약 청문회 스타가 됐잖아요. 그래서 해남에서 농민운동 하는 동지들이 초청해서 이야기(강의) 한번 듣자 하고 모신 적이 있어요. 고맙게 해남까지 와주신 분입니다. 그것도 보좌관도 없이 버스 타고 아주 촌스럽게 해남까지 왔어요.

한 시간 동안 강의하고, 바쁘다고 식사도 못하고 곧바로 서울로 올라갔습니다. 강사비도 안 받더라고요. 정말 미안합디다. 노무현 대통령 최대의 실정을 내 입장에서 두 가지만 꼽는다면, 한·미 FTA와 제주 강정마을 해군 기지입니다. 정말 되돌릴 수 없는 일들입니다. 솔직히 섭섭하기도 하지만 안타깝기도 합니다. 참 좋으신 분인데 눈물날 것 같습니다.

손석춘: 그때 실형 선고 받으셨나요?

　　　김덕종: 저는 도망을 쳤죠. 2년 동안 숨어 다니다 이명박 정부 들어서자마자 검거되었습니다. 다행히 집행유예와 사회봉사로 마무리됐어요. 그때 잡힌 사람들은 1년 6개월씩 실형 받았습니다.

손석춘: 지금 다시 해남군농민회를 새로 맡으신 건데, 그렇게 된 이유가 있으신가요?

　　　김덕종: 농민운동이 어려운 이유 말고는 없습니다.

손석춘: 아, 그런가요.

　　　김덕종: 그건 우리 해남군농민회뿐만 아니라 다른 지역도 비슷합니다. 그게 농민운동이 안고 있는 현실이고요. 착잡하고 그렇습니다. 사실 내가 농민회장을 맡지 않아야 됩니다. 광주전남연맹 의장을 해서가 아닙니다. 개인적으로 부끄러운 일이에요. 회장 할 사람을 만들어내지 못해서 어쩔 수 없이 맡게 된 거예요. 결국은 다 누구 책임이겠습니까. 내 책임이지.

손석춘: 현장을 강화해보겠다는 다짐이라는 생각이 드는데요?

　　　김덕종: 농민회의 조직 강화는 간부들부터 새로운 열정과 결의가 필

요합니다. 활동가 개개인의 역량을 높이는 일은 물론, 농민 속에서 농민과 함께하는 운동을 해야 합니다. 현장에서 답을 찾아가는 운동이 되어야 합니다.

10

기초 농산물 국가 수매와 통일농업

손석춘: 우리 농촌 어떻게 살릴 것인가를 이야기해볼까요? 전농에서 농업 대안으로 '국민농업'이라는 말을 내놓았던데요?

> **김덕종**: 네. 전농은 먹거리를 생산하는 농업이 농민만의 문제가 아니라고 판단해, 국민들과 함께 일구어가는 농업으로 갔을 때 우리 농촌의 희망을 찾아갈 수 있다고 보고 그간 많은 준비를 해왔습니다. 그래서 10여 년 전부터 지금까지 국민과 함께하는 이른바 국민농업을 이루어나가는 방안을 모색해왔습니다.

손석춘: 국민농업의 핵심이 '기초 농산물 국가수매제'로 알고 있습니다. 어떤 내용인가요?

> **김덕종**: 전농이 요구하는 기초 농산물 국가수매제를 구체적으로 설명드리자면, 정부가 수매를 하되 생산비를 보장하는 선에서 생산량의 30퍼센트를 수매하여 비축하고, 농산물 가격이 폭등하거나 폭락했을 때 원활한 수급 조절을 통해 농산물 시장을 안정시켜가자는 취지입니다. 이 제도가 도입이 되면 생산자인 농민은 품질 좋은 농산물을 만들어 적정한 가격에 공급하고, 소비자는 안전한 먹거리를 적당한 가격에 살 수 있는 상생하는 농업이 됩니다. 전농은 이러한 목표와 방향을 가지고 그동안 서명운동을 벌였고, 국회의원, 농업 전문가와 수차례 세미나도 열었습니다. 그 결과로 2012년 의원 발의로 국회 농림축산식품해양수산위원회에 지금 계류 중인 것으로 알고 있는데 거의 사문화되고 있다는 이야기를 들은 적이 있습니다. 참으로 답답합니다.

손석춘: 새누리당은 물론, 새정치민주연합도 관심이 없다면서요?

김덕종: 그렇습니다. 하루속히 관련 상임위에 상정되고 다루어지기를 바랍니다.

손석춘: 네티즌들도 관심을 가질 필요가 있겠지요. 국민농업과 더불어 전농의 대안을 보면 통일농업이 있던데요?

김덕종: 네, 우리 전농은 진즉부터 통일농업을 이야기했었죠. 실제로 통일농업에 대한 세미나를 열기도 하고 상당히 구체적으로 활동한 적이 있습니다. 최근 교수, 학자 몇 사람이 라디오 방송에 출현해서 통일농업 토론하는 걸 들었습니다. 우리가 바라보는 통일농업하고는 좀 다르긴 합니다. 전농이 제시하는 가장 큰 틀은 통일을 대비하는 농업을 지금부터 준비해야 한다는 것입니다. 통일에 대비해서 우리 쌀을 지켜내고 식량 자급에 대한 노력들을 해야 합니다. 국민들도 이런 것을 농민들에게만 맡기지 말고, 또 정치하는 사람들에게만 맡기려고도 하지 말고, 우리 모두가 행복하게 살기 위해서 같이 동참하고 같은 목소리를 내는 일이 중요합니다. 그렇게 해주기를 바랍니다.

손석춘: 그럼 통일농업이 구체적으로 어떤 것인지 네티즌들도 알 수 있도록 쉽게 설명해주시면 좋을 것 같아요.

김덕종: 통일이 되었을 때 가장 시급히 해결해야 할 과제가 식량 자급이라고 봅니다. 현재 남쪽도 식량 자급이 안 되고, 북쪽은 더 어렵습니다. 자주적으로 식량문제를 해결할 수 있는 기반 시설을 확충해야 합니다. 그러기 위해서 농업 기술 교류, 종자 교류, 장비 지원, 남북 농민들의 인적 교류를 활발히 하고, 북쪽의 농민들이 직접 남쪽에 와서 농사를 지어보고 배우고, 또 남쪽 농민들은 북쪽의 농업 방식 등에 장점이 있으면 배우면서 통일을 대비하는 사업이 활발히 전개되도록 하는 것입니다.

손석춘: 그런데 박근혜 정부는 지금 '통일대박론'에서도 나타나듯 이 흡수통일을 사실상 전제하고 있습니다. 북에 대해서도 농업을 드레스덴 선언에서 주장한 '민생 사업'의 하나로 제기하고 있잖아요. 그래서 새마을운동을 북쪽에 도입하려는 의도마저 보여요. 농촌 개량 사업을 하겠다느니, 그런 말을 하지 않습니까. 농민운동 하시는 분들은 어떻게 보세요?

김덕종: 아직 거기에 대한 이야기는 전농에서 없는 것으로 알고 있습니다. 나는 박근혜 정부의 통일대박론에 두 가지 노림수가 있지 않나 그런 생각이 듭디다. 물론 제 분석이 틀릴 수도 있지만, 보십시오. 우선 대박이라는 말 자체가 신뢰가 가지 않습니다. 한 나라의 대통령이 국민들을 상대로 함부로 해서도 안 될 말입니다. 솔직한 말로 '대박'이란 한탕주의 아닙니까? 먼저, '통일 대박'이라고 대통령이 말하면 국민들은 '야, 통일되면 내 신세가 쫙 펴지는가 보다, 팔자가 고쳐지고 잘살게 되는가 보다, 내 처지가 바뀌는가 보다' 뭐 이런 생각을 가질 수도 있어요. 이거 얼마나 위험한 말입니까? 당치도 않은 걸 가지고 환상을 심어주고 국민들 환심을 사려는 의도지요. 또 하나는 통일이라는 의제를 선점하려는 의도가 깔려 있다 이런 생각을 했습니다. 사실 6·15, 10·4선언 이후 통일에 관한 의제는 진보 진영의 전유물처럼 되어왔던 것이 사실입니다. 이 부분을 박근혜 정부가 선점하고 말았습니다. 그동안 통일운동의 성과가 무너지고 말았지요. 민주·진보 진영의 통일운동은 거의 손 놓고 있지 않습니까? 6·15, 10·4선언이 고립되어버리지 않았나 하는 생각입니다.

손석춘: 공감합니다. 차근차근 짚어볼까요? 농업을 해오시고, 농민 운동가로서 이북에서 1990년대 중반부터 있었던 아사 상태가 남다르게 다가왔을 것 같아요.

김덕종: 그렇죠.

손석춘: 그때 심정이 어떠셨어요? 처음엔 잘 실감나지 않았을 것 같은데요.

김덕종: 그래서 2006년 우리 전농에서는 농민들의 힘으로 통일쌀 모으기 운동의 일환으로 통일 경작 모내기를 지역별로 다 했습니다. 회원들의 참여도 무척 적극적이었어요. 광주, 전남이 가장 활발했습니다. 거의 모든 시·군 농민회, 면 지회가 통일쌀 경작을 했습니다. 한편으론 광주에서는 통일쌀 한 되 모으기 운동을 했고요. 많은 시민들이 참여했고, 상당한 양을 북으로 보냈습니다. 한 동포인데도 남쪽은 식량이 남아돌고(의무 수입 물량 때문), 북의 동포들은 식량이 없어서 굶주리는 상황이고. 이거 정말 모순이에요. 아픔입니다. 그걸 뻔히 보고 눈감고 있다는 건 큰 죄악이죠. 정말 가슴 아픈 일입니다.

손석춘: 아까 통일대박론과 관련해서 민주·진보 진영 쪽은 통일에 대해서 거의 손을 놓고 있는 상태를 지적하셨는데요.

김덕종: 저는 그렇게 보죠.

손석춘: 그렇게 된 데는 여러 요인이 있어 보입니다. 가령 이북이 김정은으로 3대까지 권력을 세습해감으로써 통일운동에 좋지 않은 영향을 끼쳤다고 볼 수도 있거든요. 통일운동의 객관적 조건이 달라졌다고 분석하는 거죠. 어떻게 보세요. 실제로 농민들 사이에 3대 세습, 또는 3대 후계 체제에 대해 어떤 이야기들이 오가나요?

김덕종: 세습이라고 이야기하는 사람들이 많습니다.

손석춘: 회장님은 어떻게 보세요?

김덕종: 글쎄요. 북에 그럴 만한 속사정이 있는지 모르겠습니다만

좀 설득이 안 되는 부분 아닙니까?

손석춘: 앞으로 통일농업을 풀어가기 위해서도 남북 교류가 활발해야 할 텐데, 그러려면 통일운동이 강력해져야 하잖습니까? 그래서 박근혜 정부를 압박해야 하고요. 그런데 민주·진보 진영 내부의 통일운동이 약화되어 있는 게 사실이거든요. 특히 김정은 체제가 들어선 이후 통일운동의 대중성이 약해졌어요. 이런 문제는 앞으로 어떻게 풀어야 할까요? 예전과 분명 다른 상황이라고 보거든요.

김덕종: 김정은 체제가 들어서서 통일운동이 약화됐던 것만은 아니라고 봅니다. 이명박 정권이 들어서면서부터 남북이 살얼음판으로 치달았기 때문에 그렇게 됐다고 볼 수 있어요. 보수 정권하에서는 남북문제가 한 걸음도 진전될 수가 없다는 생각입니다. 이런 속에서 통일농업 풀어가기란 정말 힘듭니다. 결국은 진정으로 통일을 앞당기려는 정부로 교체해야 합니다.

저 별은 길 잃은 밤의 길잡이

손석춘: 조금 개인적인 이야기, 살아오신 이야기를 짚어보아도 되겠습니까? 김남주 시인이 1980년대에 쓴 시를 보면, 아우가 결혼도 못 했다는 이야기가 나오는데요. 그 시가 나올 때는 결혼을 아직 안 했을 때죠?

　　　　김덕종: 그렇습니다.

손석춘: 언제 결혼하셨어요?

　　　　김덕종: 1991년 9월달입니다.

손석춘: 어떻게 만나셨는지요?

　　　　김덕종: 후배 소개로 만났습니다. 아내는 전교조 활동하다가 해직되어 전교조 사무실에서 근무할 때였고, 저는 농민회에서 활동했어요. 아내는 장흥 관산중학교로 첫 발령을 받아 교육운동 하다가 광양 골약중학교로 강제 발령을 받았는데 그래도 굴하지 않고 교육운동을 하다가 전교조 탈퇴 안 했다는 이유로 해직이 됐습니다.

손석춘: 아들 둘이시고요.

　　　　김덕종: 네.

손석춘: 둘 다 대학에 다닌다고 들었는데, 혹시 아버지를 이어 농사 지으며 농민운동 하겠다는 아들 있나요?

김덕종: 애들이 몸이 약해요. 기본적으로 농사는 힘이 많이 드는 일이에요. 우리 애들은 노동 체질은 아닌 것 같습니다. 자기들 적성에 맞는 일을 찾아서 하겠지요.

손석춘: 김남주 시인은 1989년에 결혼했죠?

김덕종: 감옥에서 출소하고 한 달 뒤인 1989년 1월로 기억합니다.

손석춘: 그때 어머님이 참 좋아하셨겠어요?

김덕종: 그럼요. (웃음)

손석춘: 회장님도 좋아하셨죠? '꼬봉'처럼 따랐던 형인데. (웃음)

김덕종: 좋았습니다. (웃음)

손석춘: 그런데 참으로 안타깝게도 김남주 시인이 병에 걸렸지요.

김덕종: 네, 췌장암이었죠. 암 중에서도 췌장암이 가장 예후를 못 받는 암이라고 합디다.

손석춘: 진단 직전에 형 얼굴을 보았을 때 안색이 안 좋다고 직감하셨다면서요?

김덕종: 네. 형이 강화도 시골에 쓰러져가는 집을 한 채 장만했어요. 방 하나 겨우 쉴 수 있는 공간만 있고 허름한 집이었습니다. 1993년 11월입니다. 거기서 우리 가족이 모인 적이 있습니다. 삼겹살과 간단히 점심을 준비해서 갔어요. 형은 삼겹살 몇 점 먹더니 젓가락을 놓고 못 먹겠다고 그러더라고요. 그래서 얼굴을 떡 봤더니, 아닌 게 아

니라 얼굴색도 안 좋고, 건강이 안 좋게 보여요. 형한테 "몸 어디가 안 좋소?" 하고 물었더니, 소화가 좀 안 되고 그래서 약 먹고 있다. 위가 좀 불편하다. 십이지장궤양이라 하더라. 그런 이야기를 하더라고요. 그리고 웃으면서 십이지장궤양이 걸리면 어떤 암도 안 걸린다고도 했어요. 다행이다는 생각으로 그냥 넘어갔지요. 그 후 한 일주일 정도 지났는데 형의 죽마고우인 이강 선생한테서 새벽 한 다섯 시 정도에 전화가 왔어요. "덕종아, 너 빨리 조남중내과로 와라" 하고는 끊어졌습니다. 불길한 생각이 머릿속을 떠나질 않았어요. 아내와 함께 첫차 타고 올라갔지요. 남주 형은 다른 곳에 있었고, 이강 형만 만났습니다. 췌장암 말기라고 말하면서 3개월 정도 산다고, 조 박사(내과원장)가 진단을 내린 거라고, 조 박사 말이라면 100퍼센트 믿을 수밖에 없다고 그래요. 깜짝 놀랐죠. 아, 정말 하늘이 무너지는 느낌. 나도 모르게 눈물이 핑 돌면서, 이게 뭔 일인가 싶더라고요. 그렇게 감옥에서 고생하고 나와서 결혼도 하고, 아들도 얻고 그랬는데.

손석춘: 이제 좀 편하게 살려고 하니까 말이죠.

김덕종: 그래요. 고생 고생하다가 이제 좀 살아볼 만한데. 혹 오진이 나올 수도 있어서 한의사한테 가보기도 하고, 경희의료원까지 가봤어요. 그중 한의사는 절대 암이 아니니 걱정 말라고 합디다. 믿기진 않았지만 그래도 조금은······.

손석춘: 한의사는 또 왜 그런 말을.

김덕종: 모르죠. 그냥 안심시키려고 했던 것 같아요. 지금 생각해보면. 그래도 형은 기분이 좋아 보이더라고요. 그 후 서대문에 있는 고려병원에 입원하고 치료를 받았습니다. 형이 숨을 거둘 때까지 형수님하고 제가 약 3개월 동안 간병을 했습니다. 그때 문익환 목사님이 일주일에 한 두어 번 오셔서 위안이 되기도 했습니다. "남주, 자네가

먼저 눈감으면 안돼. 늙은이가 먼저 가야지" 하면서 위로도 하셨습니다. 그러고는 얼마나 지났을까, 문 목사님이 운명하셨다는 소식을 들었습니다. 형은 큰 충격에 빠졌습니다. 그 후에도 많은 분들이 도와주셨지만 1994년 2월 13일, 형은 험한 세상 뒤로한 채 두 눈을 꼭 감고 말았습니다.

간병하면서 겪은 일인데 세상에는 참 별사람 다 있습디다. 형이 유명세를 탔잖아요. 형이 아프다는 소문이 언론에 나오고 여기저기 많이 알려지게 되고 나니까 이상한 사기꾼들이 있습디다. 한국인 간호사인데 미국에서 어떤 병원에 근무했다고 하면서 말기 췌장암을 고친 사례를 이야기하면서 약을 사 먹으면 된다는 사람. 산속에 자기 스승이 남주를 빨리 데리고 오라 했다면서 치료를 자신 있게 말하는 사람. 무슨 기 치료 도사 등 웃지 못할 일들이 생기더라고요.

손석춘: 사기꾼들인가요?

김덕종: 그런 사람들이 있대요. 암 병동 주변에. 암 환자들이야 지푸라기 잡는 심정으로 어디가 좋다면 가보고 싶고, 좋은 약이라면 먹어보고 싶은 심정이지요. 그걸 노리는 사람들이 한탕씩 하는가 보데요.

손석춘: 석 달 동안 내내 간병하셨어요?

김덕종: 그렇죠. 간혹 해남에 한 번씩 내려오긴 했지만. 간병을 형수가 혼자 하긴 힘들어요. 더구나 여자의 몸으로. 왜 그러냐면 계속 주물러줘야 해요. 통증 때문에. 한 시간을 맘대로 쉬지 못하고, 겨우 잠들면 조금 쉬고. 그런데 신통한 게 말이죠. 지렁이, 이것이 참 신통합디다. 신문에 나왔습니다. 〈동아일보〉 광고면에 조그만하게. 지렁이가 통증을 완화하는 데 굉장히 좋다고. 그래서 지렁이 구입해서 가르쳐주는 대로 사용을 했더니 통증이 조금은 완화가 되더라고요. 한 번 사용하면 여섯 시간 정도요. 옛날 어르신들이 지렁이 함부로 죽이

지 마라, 소중히 하라는 말을 자주 하고 그랬어요. 지렁이에다 오줌을 싸면 고추가 붓는다고 했어요. 어렸을 적엔 이해가 안 됐지요. 지금 생각해보면 지렁이는 농사짓는 데 무척 필요한 동물이었던 것 같아요. 땅을 후벼주고 작물을 잘 자라게 해줍니다. 소위 지렁이 농법도 있잖아요. 선조들의 지혜가 묻어나요.

손석춘: 지렁이가 거름을 옮겨준다면서요.

　　　김덕종: 지렁이는 먹으면 70퍼센트 이상을 배설한답니다. 거름이 되지요. 또 기어다니면서 땅을 뒤집어줍니다. 이게 작물이 자라는 데 좋습니다.

손석춘: 소련, 동유럽이 무너지면서 김남주 시인이 상당히 절망했다면서요?

　　　김덕종: 맞습니다.

손석춘: 이야기 나눠본 적 있어요?

　　　김덕종: 그 부분 가지고는 형하고 나하고 이야기 나눈 게 없습니다. 몹시 괴로워했다고 주위에서 들은 정도입니다. 그렇다고 자신의 이상 사회를 포기한 것은 아닙니다. 「노동의 대지에 뿌리를 내리고」란 시가 있어요. 그 시를 읽어보세요. 그리고 시인의 마음을 상상해보세요. 소련이, 동구권이 무너진 데서 나온 시입니다. "산은 무너지고 이제 오를 산이 없다"로 시작합니다. 당시에 형의 고뇌가 들어 있습니다. 꼭 한번 보세요.

손석춘: 그 시가 암 걸리고 난 다음에 쓴 작품은 아니죠?

「노동의 대지에 뿌리를 내리고」

산은 무너지고 이제 오를 산이 없다 한다

깃발은 내려지고 이제 우러러볼 별이 없다 한다

동상은 파괴되고 이제 부를 이름이 없다 한다

무너진 산
내려진 깃발
파괴된 동상
나는 그 앞에서 망연자실 어찌할 바를 모른다

무엇이 잘못되었는가
암벽에 머리를 들이받는 파도에게 나는 물어본다
파도는 하얗게 부서질 뿐 말이 없고 나는 외롭다
바다로부터 누구를 부르랴 부를 이름이 없다
꿈속에서 산과 깃발과 동상을 노래했던 내 입술은
침묵의 바다에서 부들부들 떨고 나는 등을 돌려
현실의 세계에 눈과 가슴을 열었다

기고만장해서 환호하는 자본가의 검은 손들

그 손을 맞잡고 승리의 샴페인을 터뜨리는 패자들의 의기양양한 얼굴들
기가 죽었는지 어처구니가 없었는지
노동과 투쟁의 어제를 입술에 깨물고 우두커니 서 있는 낯익은 사람들

나는 애증의 협곡에서 가슴을 펴고 눈을 부릅떴다
하늘은 보이지 않는 장막 그러나 나는 보았다
먹구름을 파헤치고 손짓하는 무수한 별들을
아직도 그 뿌리가 뽑히지 않고 바람에 흔들리고 있는 나뭇가지들을

그리고 날벼락에도 꺾이지 않고 요지부동으로 서 있는 불굴의 바위들을

저 별은 길 잃은 밤의 길잡이이고
저 나무는 노동의 형제이고
저 바위는 투쟁의 동지이다
가자
가자
그들과 함께 들판 가로질러 실천의 거리와 광장으로
가서 다시 시작하자 끝이 보일 때까지
역사의 지평에서
의기도 양양한 저 상판대기의 검은 손들을 지우고
노동의 대지에 뿌리를 내린 투쟁과 승리의 깃발이 나부끼게 하자

김덕종: 네, 아닙니다. 1993년 여름에 쓴 시입니다. 암 투병하면서는 시 못 써요. 몇 개 글을 긁적거리고는 했어요. 뭐 유언 식으로 남기고자 한 것은 아니고요. 자기가 살아온 것을 좀 정리해보려고 했는데, 기력을 한번 딱 잃어버리니까 도저히 더 이상 회복을 못 하더라고요. 그 상황에서 어떻게 펜을 굴릴 수가 없죠.

손석춘: 점점 마지막이 다가올수록 이야기를 많이 나눴을 것 같은데, 어떤 이야기를 주로 나누셨어요?

김덕종: 감옥에서 출소한 후로 길게 있었던 시간이 간병할 때였으니까 몇 마디 나누기도 했습니다. 운동에 관한 이야기는 엄두도 못 냈고 어린 시절 이야기, 그리고 궁금한 것 한 가지 정도. 힘들어해서 많은 이야기를 할 수 없었어요. 형에게 물었던 말이 생각납니다. 형과 자주 어울렸던 사람들은 형이 무척 낙천적인 사람이라고 했는데, 내가 보는 형은 그렇지 않았습니다. 그 부분이 궁금해서 물어본 적이 있어요. "형, 형은 진짜로 낙천적입니까? 동생이 봤을 때는 아니었던 것 같은데"라고 말이에요. 형은 그럽디다. 그냥 귀찮아서 그랬는지 모르겠는데 내 말에 '그렇다'라고 대답합디다. 형은 노래 부르기도 좋아했습니다. 낙천적이라고 말을 들을 수 있는 행동도 자주 보입니다. 그러나 그 속에는 항시 고뇌가 많았던 사람이었습니다.

손석춘: 왜 그렇게 보셨어요?

김덕종: 겉으로 어떤 표현 잘 안 합니다. 말이 많지 않아요. 과묵한 사람이었다고 주위에서 말을 많이 합니다. 실제 그랬고요. 꾹 누르는 사람입니다.

손석춘: 응어리가?

김덕종: 네. 그랬을 거예요.

손석춘: 술자리에서 시인이 종종 부른 노래가 〈엘레나가 된 순이〉였죠?

김덕종: 그 노랠 잘 불렀죠. 그러고 제목이 생각이 안 나는데 "찾아갈 곳은 못 되더라 내 고향" 하는 노래, 러시아 혁명 당시 불렀던 스텐카 라친의 노래, 또 러시아 민요 "가난한 집에서 태어난 농부가 있었네"로 시작해 "투사가 되었다네"로 끝나는 노래, 그런 노래를 무척 좋아했습니다. 우리 식구들이 음치에 속하는데 형은 노래를 꽤 좋아했고 잘 불렀습니다.

손석춘: 〈엘레나가 된 순이〉 노래를 들으면 울컥 치미는 게 있어요. 회장님은 어떤 노래 좋아하시죠?

김덕종: 〈고향초〉가 십팔번입니다. 이 노래를 좋아하게 된 배경을 말하자면, 우리 마을 뒤에 대나무 밭이 쫙 펼쳐져 있었어요. 그 뒤로 뒷동산이 있고 동백나무가 몇 그루 있었습니다. 그리고 산 너머에 개울이 있었고. 가재도 잡고 놀았던 곳입니다. 또 그때 농촌 처녀들이 앞다투어 서울로 떠났습니다. 노래 가사와 내 성장기가 맞아떨어진 부분이 있다는 생각에 좋아하게 된 것 같아요.

손석춘: 형님이 병석에서 아우에게 한 이야기는 없었나요?

김덕종: 나한테 미안하다고 했어요. "내가 미안하다" 그 말을 하더라구요. 그럴 만합니다. 나는 정말 형한테 충성할 정도로 잘했습니다. 꼬봉처럼 부려 먹었던 일들이 미안했던가 봐요. 그러고 10년간 제가 형수님하고 옥바라지했잖아요. 아이구, 그때 내가 한번 큰일 날 뻔했습니다. 형이 감옥에 있을 때 『나의 칼 나의 피』가 출판됐어요.

그러니 교도소에서 조사를 한 거죠. 그래 가지고 '시들이 어떻게 나갔느냐, 동생이랑 박광숙 선생한테 몰래 시를 빼돌렸지 않았느냐' 이런 걸 밝히기 위해 형을 몇 번 불렀나 봐요. 그 사실을 확인코자 나더러 면회를 빨리 오라고 편지가 왔더라고요. 바로 달려갔지요. 특별면회를 하는데, 형은 요즘 정말 엄청 힘들다고 합디다. 목숨을 걸어놓고라도 아닌 것은 아니라고 말을 하라는 당부를 먼저 하고 묻습디다. "그간 면회하면서 나한테서 시를 몰래 가져간 적이 있느냐"고요. 나는 "어떻게 교도관이 입회를 하고 있는데 받을 수 있겠습니까? 그런 적 없습니다"라고 탈탈 털었지요. 형은 다시 "근데 왜 내 시집이 나오고, 여기저기 떠돌아다니면서 그런다냐. 이해가 안 된다" 그러더라고요. "그것은 제가 대충 알고 있습니다. 형님이 감옥 가기 전에 몇 편씩 여기저기 긁적거려둔 시들이 많이 있잖습니까? 그것들을 나한테 가져간 사람들도 있고. 여기저기서 모아서 시집을 낸 것이라 판단됩니다" 그렇게 얘기를 했더니, 형은 "그럴 수 있겠다" 해서 사건은 일단락됐습니다. 다행히 넘어간 거죠. 실은 덮어준 거라고 봐야 더 맞는 표현일 겁니다.

손석춘: 김남주 시인이 운명한 그날 아우님께 이야기한 건 없어요? 유언 같은 것이랄까.

　　　　김덕종: 없었습니다. 눈을 감은 시점은 의식 상태가 안 좋았습니다.

손석춘: 그렇게 급박했었나요?

　　　　김덕종: 어쨌냐면, 서울에 메디컬센터가 있는데 거기 한번 가보라고 해서 갔거든요. 여건이 맞지 않아 몇 시간 있다가 다시 고려병원으로 옮겼어요. 고려병원에서 불편하면 다시 오라고 했거든요. 고려병원으로 옮기면서 급격히 상태가 안 좋아지더라고요. 그러면서 거의 의식을 잃다시피 했어요. 그래서 형도 남기고 싶은 이야기가 있었을 수

있는데 준비를 할 상황이 안 된 거예요. 설령 준비를 했다 하더라도
못할 수밖에 없었어요. 내 가슴에 기대면서 결국은 숨을 거뒀어요.
한 혁명가의 꿈을 제대로 펴보지도 못하고……

손석춘: 참으로 애통한 일입니다. 더구나 다섯 살짜리 아들*을 남겨
두고…….

---

* 시인은 교사 박광숙과 사랑의 결실인 아들 이름을 '토일'로 지었다. 김토일. 한자는 금토일(金土
日)이다. 주 4일 일하고 금·토·일요일을 쉬는 노동해방을 기린 마음이 녹아 있다. 노동시간 단축과
일자리 나누기가 시대적 숙제인 오늘, 시인의 '예언'은 살아 숨 쉬며 살아 있는 사람들을 일깨운다.

1 2 진보정당 '기득권' 버려야 산다

손석춘: 어느덧 밤이 깊었네요. 마지막으로 우리 사회가 나아갈 방향을 논의해보았으면 합니다.

김덕종: 중요한 의제라는 생각입니다. 그리고 포괄적이라는 생각도 듭니다. 내가 우리 사회를 꿰뚫어볼 수 있는 역량을 가진 것도 아니고, 미래 세상에 대한 명쾌한 상을 갖고 있지도 못합니다. 아직은 사회 인식이 부족한 내가 이 의제에 대해 무어라 의견을 얘기한다는 것이 솔직히 부담스럽고, 우리 운동에 대해서 내가 경험하고 문제의식을 갖고 있는 부분에 대해서 개인적인 이야기를 할 수밖에 없는 한계가 있습니다. 그리고 원론적인 이야기입니다만, 이 의제의 접근은 기본적으로 우리 사회 발전 방향의 주체는 누구이고 어떻게 이루어나가야 바람직한가라는 문제부터 풀어가야 한다고 보고 싶고, 다음은 미래 사회의 발전 방향을 위해 최소한 1980년 이후 현재까지 우리 사회의 변화와 발전 과정에서 발생된 여러 문제들을 민주·진보 진영이 냉엄하게 진단해보는 것이 우선되어야 한다고 봅니다.

손석춘: 그러게요.

김덕종: 전두환 쿠데타 후 민주 역량은 반독재·민주쟁취 투쟁 전선으로 단일하게 모아졌습니다. 그런 힘이 87년 6·10 항쟁을 만들어냈습니다. 직선제 투쟁은 개인적으로 반쪽의 승리였다고 규정합니다. 온전한 민주 정부를 수립하지 못했기 때문입니다. 그러나 이 투쟁의 성과는 직선제를 쟁취하면서 민주주의 발전에 크게 기여했습니다. 김대중, 노무현 정부를 거치면서 꽉 막힌 남북문제도 새로운 국면으로 접어들었습니다. 6·15선언과 10·4선언은 국민들에게 통일의 꿈을 갖게 해주는 계기가 되었습니다. 한편, 16대 총선에서는 진보정

당인 민주노동당이 의석 10석을 확보하면서 이 나라 진보정치의 희망의 싹을 키우기도 했습니다. 그런데 이명박 정부는 천안함 사건 등을 빌미 삼아 남북 교류를 완전히 단절하고 다시 냉전시대로 되돌려놓듯 했습니다. 언론 장악, 진보 탄압 등 역사의 시계를 거꾸로 되돌렸으며, 민주주의는 퇴보했습니다. 2012년 대통령 선거는 우리 역사에, 민주주의 발전에 치욕으로 남는 선거가 되고 말았습니다. 그간 민주 · 진보 진영은 민중들에게 진보운동과 진보정치에 아무런 희망을 주지 못하고 노선 문제로 대립하고 갈라지다가 선거를 앞두고 다시 합당했습니다. 이는 선거를 치르기 위해 합당한 거라고 보입니다. 그러니 당연히 국민들로부터 외면받을 수밖에 없습니다. 기존 정당들과 똑같다는 말이 나오고 말이죠.

손석춘 : 그리고 또 분열됐죠.

김덕종 : 네. 머리에 떠올리고 싶지 않습니다. 요즘 또 진보정당들이 새로운 길을 모색하고 있다는 이야기가 나온 줄 알고 있습니다. 모여서 방법을 찾는 것은 좋은 일이지요. 새로운 진보정당 건설에는 민주적인 과정과 절차가 중요하다고 봅니다. 아래로부터입니다. 물론 이 과정은 매우 어렵고 복잡합니다. 현장에서 많은 토론도 거쳐야 합니다. 왜 우리가 당을 만들어야 하는가? 당을 통해 우리는 무엇을 할 것인가? 당은 어떻게 운영할 것인가? 등 논의하고 합의하는 과정이 반드시 필요합니다. 대중에 의한 대중을 위한 정당을 대중 속에서 대중과 함께 건설해야 한다는 생각입니다. 옳은 방향이라면 대중을 믿고 해야지요. 그렇게 만들어진 당은 당연히 대중이 주인이 됩니다. 대중 자신들의 당이 된다 이 말입니다. 또 대중 스스로가 당을 지키게 되겠지요. 권력의 탄압도 쉽지 않습니다. 위에서 똑똑한 몇 사람이 합의하고 당원 모집해서 뚝딱 만들어봐야 맥 못 폅니다. 대중정당으로서 기반을 갖는 진보정당이 건설 되어야 합니다.

손석춘: 사실 아까 그런 말씀도 하셨지만, 전농 만들어지고 그럴 때
는 같이 모여서 교육도 하고 학습도 하고 그랬잖아요.

김덕종: 다 했죠.

손석춘: 요즘은 그런 게 없어졌어요.

김덕종: 안타까운 일이에요.

손석춘: 전농에도 없죠?

김덕종: 조금씩 합니다만 그전보다는 덜 치열합니다.

손석춘: 왜 그런가요? 학습 조직이 참 중요한데요.

김덕종: 그렇죠. 나는 끊임없이 중요하다고 봅니다. 옛날 운동가들
은 안 좋은 머리로 학습하느라 정말 힘들었습니다.

손석춘: 해남군농민회는 다 학습하셨던 분들이니까 굳이 그럴 필요
는 없나요? 어떻게 보세요?

김덕종: 70~80년대 농민운동가들은 비교적 학습을 해왔습니다.
농민운동이 대중화되면서 학습을 소홀히 한 측면이 있어요.

손석춘: 해남군농민회에서 학습 조직을 다시 복원시켜보면 어떨까
요?

김덕종: 군 농민회에서 격주로 하고 있습니다. 면 지회까지 확대해야
된다는 이야기도 하고 있고요.

손석춘: 이미 실천해나가고 계시는군요?

김덕종: 네.

손석춘: 예전에 비해서 마땅한 교재가 없죠? 뭘로 학습하세요?

김덕종: 교재는 널려 있습니다. 농민문제의 본질에서부터 운동가의 자질과 품성을 높이는 필수적인 교재 등 충분합니다. 지역에서 농민운동에 투신한 학생운동 출신들과 토론도 많이 합니다. 가끔 부딪치기도 합니다만, 결코 나쁜 것은 아니죠. 물론 나름대로는 소중한 경험들이겠지요. 문제는 학생운동 경험을 농민운동에 강하게 적용하려고 할 때 어려움이 조금 있습니다. 극복해가야지요.

손석춘: 학생운동 출신 가운데 적잖은 시행착오가 있었죠?

김덕종: 농민운동에 투신한 그들의 각오는 높이 평가합니다. 또 그들이 지역에서 농민운동 관련해서 상당한 역할을 해오고 있습니다. 특히 실무적인 부분이 도움이 되고 있고요. 남주 형이 해준 이야기입니다. 우리나라와 비슷했던 나라의 상황이었는데, 그 나라에서 학생운동 하다 농민운동에 투신하게 되면, 여기 같으면 마을로 들어가는 거지요. 주민들과 살면서 농민문제가 어떻고 민족문제가 어떻고 일체 이야기를 안 한다고 그러잖아요. 헌신적으로, 모범적으로 마을 일하면서 산답니다. 어려운 일은 항상 앞장서서 하고요. 할머니 집에 전기는 이상 없는가, 다른 불편한 것은 없는가 늘 살펴보고 고쳐주고, 전구 사다 교환해주고, 할머니 손으로 할 수 없는 일들을 늘 해주는 거예요. 주민들에게는 항시 농사 정보도 제공해주고, 농산물 가격도 알려주고. 그렇게 하면 동네에서 자연히 신뢰받고 존경받고 해서 지도자로 만들어진다는 겁니다. 그랬을 때 농민문제가 이렇다, 민족문제가 이렇다, 이렇게 해결되어야 우리 모두가 잘삽니다 하면 주민들

귀에 잘 들어가고 의식이 변한다는 거예요. 그런 다음 그 운동가는 마을 주민이 이 정도면 됐다는 판단을 하고 다른 불모지를 향해 떠난답니다.

여기서 재미있는 것이, 운동가는 주민들이 필요로 하는 반영구적인 걸 만들어놓고 간대요. 이를테면 우물 덮개, 마을 게시판 등을 설치한답니다. 그것도 운동가 혼자서 하는 것이 아니고 동네 청년들하고 함께 만든답니다. 누구는 판자를 가져오고, 누구는 못과 망치를 가져와서요. 그렇게 만들어서 우물에 덮개를 덮어놓으면 마을 주민들이 엄청 고마워한답니다. 왜 그럴까요? 예전에는 그거 안 해서 아이들이 우물에 빠져 죽기도 했는데 이젠 안심하고 들에 나가서 일할 수 있지 않겠습니까? 게시판도 사람들 모아서 같이 만들어 눈에 제일 잘 보이는 곳에 설치를 해서 마을 일에 대해 항시 알 수 있도록 한답니다. 조그만 일인 것 같지만 얼마나 창의적인가요? 여기서 더 중요한 것은 반드시 자신처럼 동네에서 일을 할 사람을 심어놓고 떠난다는 사실이에요. 또 하나는, 마을 주민들이 우물 덮개와 게시판을 보면서 떠난 그 운동가를 늘 떠올린답니다. 그러면 무슨 생각이 나겠어요? 그동안 같이 지내고 얘기했던 생각을 하게 되잖습니까. 그러면서 주민들의 의식이 더 발전한다네요. 의식화라는 게 강요해서 되는 건 아닌 것 같아요. 생활 속에서의 헌신입니다. 지식인 출신 운동가들이 가져야 할 자세인 것 같아요.

손석춘: 언론사에 있는 사람들한테는 무슨 말씀을 하고 싶으세요?

김덕종: 정신 똑바로 차리시오. 그 말을 하고 싶습니다.

손석춘: 언론운동을 해온 사람으로서 농민운동을 해온 회장님 앞에 부끄럽네요.

김덕종: 손 선생 글 재밌게 읽었습니다. 또 제대로 쓰기 위해서 무척 노력하는 언론인으로 봤습니다. 고민한 흔적들과 노력한 부분이 글에 역력하게 묻어나요.

손석춘: 고맙습니다. 하지만 부족한 게 많았고, 결국 신문사를 나왔어요.

김덕종: 나와서도 바삐 움직이고 좋은 일 많이 하고 계시잖아요. 변절해서 출세한 사람들 많습디다.

손석춘: 김남주 시인께서 지금 살아 계신다면 해남에 계실 것 같은데요. 어떨까요?

김덕종: 강화도에서 살고 있을 겁니다.

손석춘: 뭐 하실까요?

김덕종: 먹고살 정도의 벼농사와 텃밭 정도의 아주 소규모 농사, 그리고 시작 활동, 여기저기 강연 다니고, 그 정도일 거라고 봐요.

손석춘: 아, 정말이지 시인이 너무 일찍 떠나셨어요.

손석춘, 김덕종: (침묵)

김덕종: 대중에 뿌리를 내리지 못하고는 허물어진다는 남주 형 이야기가 옳다는 생각이 들어요. 나한테도 그런 이야기 늘 했거든요. 이만기가 씨름 선수인데 천하장사를 열 번인가 거머쥐었잖습니까. 그 사람, 씨름에 대해서는 누구보다도 이론도 좋고, 기술도 힘도 좋았을 겁니다. 삼박자가 잘 맞아서 이겼겠죠. 그런데 실은 이만기 선수가 버

틸 수 있는 씨름판(모래판)에 발을 버티니까 세 가지가 발휘되는 겁니다. 버틸 수 있는 모래판이 없다면 초등학생이 밀어도 넘어질 수밖에 없겠죠. 운동가도 대중 속에 버티지 못하면 찬 바람만 한번 몰아쳐도(탄압) 쓰러질 수밖에요. 손 선생은 어떻게 보세요? 남주 형은 나에게 운동의 스승이기도 했는데 말입니다.

손석춘: 저야 김남주 시인을 존경하고 있으니까요. 사실 진보정당들을 돌아보면 참 안타까워요.

김덕종: 다 좋은 사람들이고 좋은 당들입니다. 고통받고 사는 사람들을 위해, 통일 세상을 위해 헌신한 분들입니다. 빨리 새 세상 만들려고 몸부림쳤지요. 못된 세상이 그들을 짓밟고 탄압하고 갈라지게 만들고 그랬습니다. 그렇지만 언제까지 누구의 탓이라고 책임을 전가할 수 있겠습니까? 우리 모두의 책임이지요. 대중들로부터 점점 멀어지고 있다는 생각이 듭니다. 안타깝습니다.

손석춘: 실제로 국민들 마음에서 멀어졌어요. 진보정당들을 둘러싸고 여러 문제들이 불거지면서 기성 정치인들과 똑같다는 인식이 퍼져 있지요.

김덕종: 그렇습니다. 주위 사람들, 마을에서도 정치하는 사람들 다 똑같다고 말해요. 대중으로부터 존경과 신뢰를 회복해야 합니다. 다음 총선, 대선 금방 옵니다. 지금부터 차곡차곡 준비해야지요. 무엇을 어디서부터 어떻게 준비해야 할 것인지는 지난 총선, 대선에서 나타난 문제들을 분석하고 진단하면서 더 넓게 봐야 한다고 말하고 싶습니다.

손석춘: 2016년 총선, 2017년 대선, 2018년 지자체. 준비하려면 아까 회장님 말씀대로 대중운동 조직부터 튼튼하게 재건을 해야 하는

데, 쉽지 않아요. 민주노총도 힘든 국면을 맞고 있습니다.

김덕종: 대중조직들은 기본적으로 자신들의 이해와 요구 실현을 위한 투쟁을 하고 조직도 추스릅니다. 당연합니다. 그러나 너무 경제투쟁에만 매몰되어서는 안 됩니다. 정치투쟁으로 발전해야 합니다. 또 모든 문제는 정치적으로 해결되지 않습니까? 다가오는 총선, 대선 준비를 지금부터 해야 한다는 데는 누구도 이견이 없을 겁니다. 그럼 무엇을 가지고 어떻게 다시 시작할 것입니까? 그래서 나는 민주 · 진보 진영이 다음 총선, 대선 승리를 위한 단일한 의제를 설정하고 준비해야 한다는 것입니다. 세월은 빠릅니다. 이대로 가면 또 집니다. 민주노총은 변혁운동의 가장 큰 축입니다. 따라서 진보운동의 중심에 서야 합니다. 특히, 비정규 노동자들의 고통에 관심을 가져야 한다고 봅니다.

손석춘: 공감합니다.

김덕종: 준비 없는 싸움은 패배하게 되지요. 조그만 기득권도 과감히 내려놓을 줄 알아야 합니다. 안 그러면 큰 것을 놓칩니다.

손석춘: 진보정당의 기득권 말씀하시는 거죠?

김덕종: 맞습니다. 민족민주운동의 길에 무엇이 가장 큰 장애물인지 지혜를 모아야 할 때입니다.

손석춘: 대담집 제목은 어떤 게 좋겠어요? 말씀하신 것 중에서 강조하고 싶으신 대목을 이야기하신다면.

김덕종: 이대로 가면 또 진다.

손석춘: 그건 이미 지승호 씨가 저를 인터뷰한 책의 제목으로 출간되었어요. (웃음) '진보정당 기득권 버려야 산다'는 어떤가요?

김덕종: 제목은 그렇게 잡아놓고 기득권에 대한 명쾌한 방향을 제시하지 못하면 안 되잖아요.

손석춘: 실은 대담하면서 가장 가슴에 와 닿은 '제목 감'은 누님께서 하셨다는 말씀 '느그는 으째서 그 모냥이냐'입니다. 그분도 농부시잖아요.

김덕종: 아까 말씀드렸듯이 혼자 농사지어왔어요. 진보가, 보수가, 민주가 뭔지도 모르고 그럽니다. 다만 바로 밑에 동생이 그런 일을 하다가 감옥에서 병들고 나와서 몇 년 살다가 죽은 것에 대한 억울함 때문에 동생이 짠하겠죠. 진정으로 누님이 진보든 야권이든 서로 싸우고 갈라지고 해서 패배했다고 보고 그런 말을 했다면, 또 누님처럼 보통 사람들이 지난 총선, 대선을 그런 눈으로 봤다면 깊이 고민해야죠. 사실 준비는 거기서부터 시작해야 하는 게 올바른 방향 아닌가요?

손석춘: '느그는 으째서 그 모냥이냐'가 사실 과거만도 아니고 지금도 그러고 있잖아요. 이대로 가면 다음 선거도 정말 어려워요.

김덕종: 어려운 것은 감내할 수 있어요. 문제는 또 진다니까요. 대중에 대해 무책임한 겁니다. 오늘의 사태를 우리 모두의 책임으로 받아들이고 정말 반성하고 뭔가 새로운 길들을 찾아야 합니다.

손석춘: 함께 찾고 함께 가죠. 한국 정치의 틀을 바꾸는 그 길을. 그래도 300만 농민이 있어 든든합니다.

조선의 마음, 농부의 가슴

남도의 농부 김덕종 해남군농민회 회장과의 대담을 정리하던 중에 텔레비전 뉴스에서 농민들이 국회를 찾아가 항의하는 현장을 보았습니다.

2014년 9월 18일 오전 7시 30분. 국회 의원회관 식당에서 이른바 '조찬 회의'로 열린 농림축산식품부 당정 협의 자리에 농민 10여 명이 들어갔습니다. 쌀전면 개방을 논의하며 아침을 먹는 당정 관계자들에게 농민들은 주저 없이 계란과 고춧가루를 던졌지요. 조찬 회의에는 새누리당 대표 김무성과 국회 농림축산식품해양수산위원회 소속 의원들, 이동필 농림축산식품부 장관도 참석하고 있었습니다.

"지금 밥이 넘어가? 밥이…… 밥이 넘어가냐고?"

한 농민의 항의가 상쾌하고 통쾌했습니다.

김무성 대표가 고압적으로 '훈계' 하더군요.

"당신들 예의를 지켜야 돼요! 이러면 안 돼!"

전농 김영호 의장이 사뭇 진지하고 당당하게 답해 주었습니다.

"식량 주권에 관한 문제입니다, 대표님."

강제로 끌어내리려는 사람들에게 쫓겨나지 않으려고 회의장 맨바닥에 앉은 여성 농민들을 노려보며 새누리당 국회의원 김종태(국군기무사령관 출신)가 위압적인 손가락질로 윽박질렀습니다.

"벼농사 짓는 사람 일어나 봐! 벼농사 짓는 사람 일어나 보라고!"

바닥에 앉아 있던 여성 농민들이 "왜 반말하세요?" "지금 명령하시는 겁니까?"라고 다부지게 맞섰습니다. 실제로 농사짓는 분이셨지요.

"우선 폭력 행위에 대해 사과하고 정식으로 면담 신청을 하라"는 집권당 대표에게 끌려 나가면서도 '무엇이 폭력인가' 되물으며 '농민들과 상의 없이 쌀을 전면 개방하는 것은 폭력 아니냐'고 부르짖는 여성 농민들을 보며 콧잔등이 시큰했습니다. 2005년 여의도 농민대회에서 공권력에 두 농민이 맞아 죽었을 때 눈물 쏟았던 기억이 새롭게 떠올랐습니다.

박근혜 정부와 새누리당은 '당정 협의'하는 '조찬' 자리에 들어온 농민들을 사법처리하겠다며 으름장 놓았습니다. 농민들을 겨냥한 고압적이고 권위적인 정치인들의 언행을 보며 문득 의문이 들었습니다. 저들은 얼마나 차이가 있을까. 옹근 120년 전인 1894년, 녹두장군 전봉준이 맞서 싸웠던 조선왕조의 탐욕스러운 지배자들과.

이 땅의 농민은 지난 120년 동안, 아니 지난 5,000년 내내 단 한 번도 자신들을 위한 정권을 만나지 못했습니다. 지주들의 권력인 왕조들과 일본제국주의는 물론, 해방 후 지금까지의 모든 정권은 농민을 수탈 대상 또는 기껏해야 '표밭'으로 삼았지요. 헌법이 명문화한 '주권자'로서 농민을 진심으로 대한 정권이 과연 있었던가요.

2008년 미국의 금융 위기 이후 세계 자본주의가 장기 불황을 맞으면서 국제 사회에서 식량이 '무기'가 될 징후가 나타나고 있습니다. 인구밀도 높은 이 땅에서 식량 자급률이 무장 곤두박질치는 상황은 자칫 '민족적 위기'를 불러올 수 있습니다.

식량 주권을 지키며 '국민농업'과 '통일농업'을 구현해나갈 정부를 세우자는 꿈은 단순한 백일몽일 수 없습니다. 300만 농민들과 네티즌들이 더불어 그 꿈을 꾼다면, 식량 주권은 물론 한국 정치의 틀을 근본적으로 바꾸는 전환점이 될 수 있습니다. 한국 정치를 바꾸는 틀은 해남군농민회 김덕종 회장의 형 김남주 시인이 노래한 「옛 마을을 지나며」 전문에서 찾을 수 있습니다.

찬 서리
나무 끝을 나는 까치를 위해
홍시 하나 남겨둘 줄 아는
조선의 마음이여

남도의 시인이 노래한 조선의 마음, 그 마음은 바로 대대로 내려온 이 땅 농부의 가슴 아닐까요. 이 나라 농촌을 살리는 길, 그 길은 단순히 농업의 문제가 아닙니다. 이미 수명을 다한 신자유주의 체제를 벗어나 남과 북의 겨레가 더불어 새로운 공동체를 일궈내는 큰 길과 이어져 있습니다.

손석춘